PROFIL BAC

Collection créée par Georges Décote

GW00481997

Zazie
dans le métro

RAYMOND QUENEAU (1959)
LOUIS MALLE (1960)

JOHAN FAERBER

Certifié de lettres modernes

Docteur ès lettres modernes

Membre du Centre d'études sur le roman
des années cinquante au contemporain

Hatier

© HATIER, Paris, 2012   ISSN 0750-2516   ISBN 978-2-218 94866-4

Sommaire

LE ROMAN

LE FILM

LE FILM

Édition de référence : *Zazie dans le métro*, Louis Malle,
Paris, 1959, © Éditions Gallimard, coll. « Folio ».

FICHE PROFIL

Zazie dans le métro (1959)

Raymond Queneau (1903-1976)

Roman burlesque   xxᵉ siècle

RÉSUMÉ

Zazie, petite provinciale au franc-parler, est confiée par sa mère pour deux jours à son oncle Gabriel chargé de lui faire découvrir Paris. La fillette veut voir le métro mais, à son grand dam, celui-ci est en grève.

Le lendemain matin, Zazie fugue pour visiter Paris seule. Elle rencontre un inconnu qui lui achète une paire de jeans aux Puces et avec qui elle déjeune. Mais avant qu'il n'ait eu le temps de le lui offrir, elle lui dérobe le pantalon. Après une course-poursuite, il la rattrape et la ramène à son oncle. L'homme, qui se fait appeler Pédro-surplus, est-il un satyre ou un policier ?

Peu importe : Gabriel le jette dehors. L'oncle part alors avec Zazie visiter la Tour Eiffel. Il y retrouve Fédor Balanovitch, une vieille connaissance, devenu guide pour touristes et conducteur d'autocar. Les touristes, enthousiasmés par la verve de Gabriel, l'enlèvent pour qu'il les mène à la Sainte-Chapelle. Zazie se lance à la poursuite de son oncle avec la veuve Mouaque, baronne rencontrée en chemin, et Trouscaillon, agent de la circulation.

La nuit venue, tout le monde se retrouve pour célébrer les fiançailles de Mado Ptits-Pieds et Charles au Mont-de-Piété, le cabaret où Gabriel fait son numéro de danseuse sévillane.

Tous sortent enthousiasmés mais une dispute éclate avec les serveurs d'Aux Nyctalopes, un bar où ils sont venus se restaurer. L'armée intervient et Trouscaillon devenu Aroun Arachide tue la veuve Mouaque. Ils prennent la fuite avec Zazie endormie qui prend sans le savoir le métro.

C'est Marceline, devenue Marcel, qui la ramène à la gare où elle la rend à mère. Interrogée par celle-ci, Zazie lui confie avoir vieilli.

PERSONNAGES PRINCIPAUX

– **Zazie** : petite fille espiègle, facétieuse et joueuse, Zazie a un franc-parler qui bouscule les adultes. Sa fraîcheur leur apporte de la fantaisie et de la poésie.

– **Gabriel** : oncle de Zazie, il est un colosse ambigu. Artiste, il exécute tous les soirs un numéro de danseuse sévillane dans un cabaret de transformistes. Il est marié à la douce Marceline épouse modèle qui devient pourtant Marcel au dernier chapitre.

– **Pédro-surplus** : se faisant appeler aussi Trouscaillon, Bertin Poirée ou encore Aroun Arachide, il ne cesse de changer de personnalité. Il s'éprend de la veuve Mouaque aussi volage et instable que lui.

CLÉS POUR LA LECTURE

1. Un récit théâtral
Le roman repose sur l'usage des comiques de situation et de répétition empruntés à l'écriture théâtrale. Il présente le monde comme un vaste théâtre dont la petite fille se joue.

2. Un conte moderne
Jouant avec les codes de l'écriture, Queneau se livre à une réécriture de conte pour enfants et de conte philosophique. Zazie est une nouvelle Alice au Pays des Merveilles.

3. Un roman poétique et mathématique
Orfèvre des mots et du langage parlé, Queneau a aussi à cœur de souligner la révolution poétique qui s'opère, par le biais de Zazie, dans le quotidien de chacun.

FICHE PROFIL

Zazie dans le métro (1960)

Louis Malle (1932-1995)

Film burlesque   XXe siècle

RÉSUMÉ

Adapté très fidèlement du roman de Raymond Queneau, le film de Louis Malle ne présente que peu de variations dans son histoire. Les étapes du scénario sont scrupuleusement les mêmes que celles du roman. Un détail d'importance change cependant à la fin.

C'est Albertine, devenue Albert, qui ramène la fillette à la gare où elle la rend à sa mère. Interrogée par celle-ci, Zazie lui confie avoir vieilli.

PERSONNAGES PRINCIPAUX

– **Zazie** : interprétée par la jeune Catherine Demongeot, Zazie est ici aussi une petite fille espiègle, facétieuse et joueuse. Par son franc-parler, elle réveille le monde terne des adultes qu'elle illumine à l'image du pull orange qu'elle porte tout au long du film.

– **Gabriel** : interprété par Philippe Noiret, l'oncle de Zazie est un colosse ambigu. Maniéré, poète et artiste, il exécute tous les soirs un numéro de danseuse sévillane. Il est marié à Albertine, épouse modèle, qui devient pourtant Albert à la fin du film.

– **Pédro-surplus** : interprété par Vittorio Caprioli, l'homme qui se fait aussi appeler Trouscaillon, Bertin Poirée ou encore Aroun Arachide ne cesse de changer de personnalité. Il s'éprend de la veuve Mouaque aussi volage et burlesque que lui.

1. Une adaptation poétique

S'inspirant des dessins animés et des contes pour enfants, Malle rend hommage à l'univers poétique. Son film parcouru d'images insolites et de fantaisie s'inspire du mouvement surréaliste.

2. Un film en hommage aux maîtres du comique

La mise en scène de Malle emprunte le *slapstick* de Keaton, à la pantomime de Chaplin et à la technique de mixage de la bande-sonore de Tati pour enrichir son film et clamer son amour du cinéma.

3. Un film entre commedia dell'arte et jeux du cirque

Louis Malle utilise tous les ressorts du jeu comique et excessif de la commedia dell'arte ainsi que la folie enfantine des jeux du cirque pour suggérer que le monde n'est qu'un vaste plateau de cinéma.

PREMIÈRE PARTIE

Résumés et repères pour la lecture du roman et du film

LE ROMAN

CHAPITRE I

L'arrivée de Zazie à Paris

RÉSUMÉ

Gabriel, homme jeune et massif, attend à la gare Montparnasse sa jeune nièce Zazie. Jeanne Lalochère, sa mère, lui en confie la garde pour deux jours, le temps de vivre une escapade amoureuse avec son nouvel amant. Zazie n'a qu'un seul désir : prendre le métro mais celui-ci est en grève. C'est pourquoi Charles, un ami de Gabriel, les mène dans son taxi. C'est l'occasion de faire une visite guidée de Paris mais Gabriel se trompe sur tous les monuments. Finalement, ils arrivent à La Cave, le bar en bas de chez Gabriel, où ils prennent l'apéritif.

REPÈRES POUR LA LECTURE

Un incipit théâtral

Grand lecteur des récits théâtralisés de Diderot, Raymond Queneau offre un incipit dont l'écriture emprunte trois éléments caractéristiques de l'écriture théâtrale, à commencer par l'art du dialogue. En effet, l'essentiel des informations et la progression de l'intrigue sont assurés par les échanges entre les différents personnages. La deuxième caractéristique concerne les descriptions des actions des personnages qui exercent la même fonction informative que les didascalies, ponctuant notamment la gestuelle de Gabriel. Enfin, la troisième caractéristique est la logique de la scène d'exposition qui définit sans attendre une unité de lieu, Paris, et un temps d'action limité, quarante-huit heures comme un clin d'œil aux vingt-quatre heures, cette fois doublées, de la tragédie classique.

Une langue populaire, ludique et littéraire

Pour Raymond Queneau, créer un personnage, c'est d'abord lui inventer une langue et une manière de s'exprimer reconnaissables entre toutes. Dans le sillage de Gustave Flaubert et de Marcel Proust, il propose un personnage qui incarne un discours particulier. Zazie crée un langage qui emprunte des tournures parlées et populaires comme « mon cul ». Son langage obéit cependant à un jeu de retranscription phonétique et ludique, à l'instar du « Doukipudonktan » de Gabriel. Mais cette dernière retranscription n'est en rien un barbarisme : elle est une allusion littéraire au célèbre « merdre » du père Ubu dans *Ubu roi* (1896) d'Alfred Jarry.

Le labyrinthe de Paris

Dans le sillage de la littérature baroque, Raymond Queneau conçoit le monde comme un vaste labyrinthe au cœur duquel chacun s'égare. Pour lui, Paris est le théâtre de cette errance. Mais là où le baroque[1] y voit la tragédie de l'homme, Raymond Queneau préfère y voir un ressort comique pour éclairer la condition humaine. Les erreurs répétées, manifestes et aberrantes dans la visite guidée de Paris par Gabriel qui confond tous les monuments, soulignent combien l'erreur et l'errance vont de pair pour ce personnage.

Le métro, centre vide du récit

Le métro est le lieu qui aimante et guide toutes les actions de Zazie mais, d'emblée, il est donné comme impossible à atteindre car fermé pour cause de grève. De tout le récit, Zazie ne parviendra à le trouver ouvert. C'est seulement endormie, au chapitre XVIII, qu'elle l'empruntera. Ainsi, le titre du roman apparaît comme une antiphrase : Zazie sera partout sauf dans le métro. Mais ce lieu qui existe sans être visible appartient à cet art de l'ellipse dont la modernité littéraire a su jouer après la Seconde Guerre mondiale.

---

1. *Baroque* : mouvement littéraire et culturel qui, de 1580 à 1660, s'attache à représenter l'homme comme un être à l'identité instable dans un monde aux prises avec des apparences trompeuses.

CHAPITRE II

Chez oncle Gabriel
et tante Marceline

RÉSUMÉ

Charles et Gabriel présentent Zazie à Turandot et Mado Ptits-pieds, respectivement propriétaire et serveuse du café-restaurant La Cave au-dessus duquel vit Gabriel. Ensuite, la nièce et son oncle montent dîner. Ils sont servis par Marceline, la douce épouse de Gabriel. Après que Zazie s'est couchée à contrecœur, le couple s'interroge sur la manière de l'occuper le lendemain. Mais, accompagné de son perroquet Laverdure, Turandot fait irruption : il ne veut pas de cette enfant aux mauvaises manières qu'il juge capable de pervertir sa clientèle. Le ton monte, une table se brise, et Zazie se réveille pour pester contre eux. Mais tous s'apaisent : en dépit de l'heure tardive, Gabriel doit partir travailler.

REPÈRES POUR LA LECTURE

Gabriel et Marceline, un couple ambigu

Les identités sont constamment interrogées dans le récit. Si Zazie est une petite fille qui a souvent un langage de garçon manqué, Gabriel et Marceline forment un couple androgyne dont l'identité sexuelle est ambiguë. Gabriel apparaît comme ce colosse qui a une peau douce de femme, se fait les ongles, et part travailler avec pour tout accessoire un rouge à lèvres. Quant à Marceline, elle est effacée mais n'est pas sans rappeler l'Albertine de Marcel Proust (1871-1922) et évoque le prénom de l'écrivain de *À la Recherche du temps perdu* (1913-1927).

Laverdure, un perroquet hérité de Flaubert

Le perroquet de Turandot s'impose comme une référence littéraire à l'œuvre de Gustave Flaubert (1821-1880). Il est un hommage à Loulou, le perroquet de Félicité dans « Un cœur simple » figurant dans le recueil des *Trois Contes* (1877). À la taille démesurée et surréelle que prend le perroquet à la fin de la nouvelle de Flaubert, correspond au sens figuré l'omniprésence de Laverdure tout au long du livre de Raymond Queneau.

L'explicit des chapitres et l'art de la pointe

Raymond Queneau travaille chaque chapitre comme un récit en soi, accordant une place particulière à leur dénouement qui se veut surprise et relance de l'intrigue. Ainsi la fin de ce chapitre est un coup de théâtre avec la révélation du rouge à lèvres de Gabriel. Queneau emprunte à l'écriture baroque de la pointe (*agudeza*) qui termine chaque poésie sur un trait d'esprit propre à marquer le lecteur.

CHAPITRE III

La fugue de Zazie

RÉSUMÉ

Le lendemain matin, alors que chacun dort encore, Zazie décide de partir à l'aventure pour découvrir Paris seule. Turandot la voit fuguer et cherche à la ramener chez son oncle mais pour se débarrasser de lui, Zazie prétend que l'homme est un satyre qui s'en prend à elle. Chahuté par la foule et prenant peur, l'homme s'enfuit et revient à son café. Désemparé, il annonce la nouvelle à Gabriel. Celui-ci se lève, s'habille pour retrouver l'enfant puis discute avec Gridoux le cordonnier avant de retourner se coucher.

REPÈRES POUR LA LECTURE

La satire du satyre

Jouant sans relâche de l'ambiguïté des identités, Raymond Queneau se plaît à construire chaque situation narrative sur un double retournement où l'agresseur devient la victime et la victime l'agresseur. Cette scène obéit à la logique du renversement puisque Zazie est une fausse victime qui transforme Turandot son potentiel sauveur en satyre. De même, alors que la foule devrait être outrée par les propos soi-disant tenus par l'inconnu à Zazie, elle s'en délecte. Cette stratégie de l'inversion repose sur une intention satirique où chacun perd ses repères.

L'art de la fugue

Zazie s'échappe du domicile de Gabriel mais cette fuite a également un sens métaphorique : elle montre la capacité du récit à fuguer et à changer sans cesse de direction. De même, le lecteur ne sait jamais où la narration va le mener car il peut prendre deux directions différentes. Par exemple, au lieu de retrouver Zazie comme prévu, Gabriel décide contre toute attente de se coucher. La fugue du récit peut aussi bien concerner le discours des personnages et leur art de digresser. Car pour Raymond Queneau, héritant des surréalistes, le réel est une suite de hasards et de bifurcations.

CHAPITRE IV

Promenade aux Puces avec un inconnu

RÉSUMÉ

Pendant ce temps-là, Zazie continue sa promenade dans Paris et veut prendre le métro qui malheureusement est toujours fermé pour cause de grève. Cependant, alors qu'elle pleure sur un banc, un inconnu l'aborde. D'abord méfiante, Zazie se laisse offrir un verre avant de suivre l'individu aux Puces où, après d'âpres négociations avec le vendeur, il lui achète une paire de jeans. Attablée autour d'un plat de moules-frites et d'un verre de blanc, Zazie apprend à l'inconnu comment sa mère a tué son père.

Le dédoublement du satyre

Comme souvent chez Raymond Queneau, les situations narratives se font écho pour se renverser. En effet, l'inconnu est une variation inversée du faux satyre pour lequel Zazie voulait faire passer Turandot au chapitre précédent. La farce se retourne contre son instigatrice : l'inconnu semble être un véritable satyre dont l'enfant entend se méfier.

Un personnage identique à un acteur de théâtre

Comme issu de la *commedia dell'arte*, le personnage de l'inconnu apparaît tel un homme théâtral. Son allure est remarquable par son déguisement que Zazie note d'emblée, soulignant qu'il s'agit sans doute d'un acteur. Il semble porter un masque, celui du vrai-faux satyre. Ce personnage subira par ailleurs plusieurs changements de rôles dans le récit.

CHAPITRE V

Une course-poursuite dans Paris

RÉSUMÉ

Après avoir raconté en détail comment sa mère a tué son père, Zazie s'enfuit en subtilisant la paire de jeans à l'inconnu. Mais ce dernier la rattrape aussitôt. Pour lui échapper, Zazie provoque un nouvel esclandre qui, cette fois, se retourne contre elle : elle est accusée du vol des jeans. Ne pouvant se dérober, elle est ramenée à son oncle. L'inconnu se révèle être un policier qui se fait appeler Pédro-surplus. Marceline et Zazie ayant pris soin de récupérer les jeans quittent la pièce pendant que Gabriel répond à un interrogatoire improvisé au terme duquel il révèle ne pas être veilleur de nuit mais danseuse de charme.

Une parodie de roman policier

Alors très en vogue avec des écrivains comme Simenon (1903-1989) et Boileau-Narcejac[1], le roman policier se voit parodié par Raymond Queneau dont il détourne deux scènes clés, à commencer par le récit de la victime. Zazie raconte comment sa mère a tué son père après qu'il a commis quelques attouchements sur elle. Cependant, alors que le registre tragique est attendu, le comique l'emporte. La seconde scène parodiée est celle de l'interrogatoire par la police. Pédro-surplus est un piètre policier qui pose à Gabriel des questions qui n'ont aucun sens. Toute investigation se révèle dès lors absurde.

Un roman en rimes

Pour Queneau, le roman doit emprunter ses techniques à la poésie. La notion de rime doit être étendue à l'ensemble de la narration si bien que certaines scènes reviennent à la manière de rimes embrassées. La scène avec la foule du chapitre III et les accusations de Zazie reviennent dans l'ordre inverse : Zazie n'est pas crue par les passants et ne triomphe donc pas. De même, sa fugue se mue en une course-poursuite qui ramène l'enfant, malgré elle, à son point de départ.

Un récit des apparences

Le monde se réduit à un jeu d'être et de paraître où l'on ne sait jamais qui est qui. Les apparences ne cessent de tromper le lecteur car ce qui est vrai devient faux et ce qui est faux devient vrai. Ainsi, l'inconnu passe du statut de faux satyre à celui de vrai policier qui devient un inconnu qui joue au policier et qui se révèle un vrai satyre sans que l'on sache finalement qui il est vraiment. De même Gabriel n'est pas veilleur de nuit mais danseuse de charme.

---

1. Nom de plume de deux auteurs de romans policiers : Pierre Boileau (1906-1989) et Thomas Narcejac (1908-1998).

CHAPITRE VI

Un curieux interrogatoire

RÉSUMÉ

À l'abri dans la pièce attenante, Marceline tente d'écouter à la porte la conversation entre Gabriel et Pédro-surplus tandis que Zazie essaie ses jeans. N'y tenant plus, la nièce revient entre les deux hommes et intime à son oncle l'ordre de mettre ce faux policier à la porte. Gabriel s'exécute et jette l'inconnu dans l'escalier, chute qui le mène droit au café de Turandot. Après avoir commandé un verre, il s'assied au fond du bar avant que Gabriel ne redescende, ne le voie puis s'évanouisse. Remis de ses émotions, Gabriel invite Charles à déjeuner avant de décider d'emmener la petite visiter la Tour Eiffel.

REPÈRES POUR LA LECTURE

Un interrogatoire indirect et inaudible

Ici la parodie semble se parodier elle-même. L'interrogatoire perd tout son sens. Là où il devrait permettre des éclaircissements, il n'apporte aucune information car il n'est pas accessible au lecteur. Écoutant à la porte, Marceline entend la conversation, mais préfère tout d'abord mentir en prétextant qu'elle n'entend rien. De fait, on ignore les propos échangés entre les deux hommes.

Un récit de genre

En hommage à Marcel Proust, les ambiguïtés sexuelles se multiplient au cours de ce chapitre. Elles concernent tout d'abord le personnage de Gabriel, qualifié désormais d'« hormosessuel ». Fascinée par le langage, Zazie ne cessera de chercher une définition à ce terme sans pourtant y parvenir. Sait-on si Gabriel est homosexuel comme Pédro-surplus le prétend ? Le récit ne cherche pas à y répondre, préférant plutôt jouer du comique des échanges homme-femme et des genres. C'est pourquoi Zazie est en proie au même jeu : elle est une petite fille qui, comme un garçon, met des pantalons, puisque les « bloudjinnzes » sont définis par Marceline comme un critère d'homosexualité. Pour Raymond Queneau, le jeu des genres est avant tout un ressort comique et une dynamique qui engendre des quiproquos.

CHAPITRE VII

Pédro-surplus dialogue avec Gridoux

RÉSUMÉ

Dans la foulée, Gridoux déjeune dans sa boutique, servi par Mado Ptits-pieds qui lui parle du désir de Charles de se marier à tout prix. Alors que le cordonnier mange tranquillement, Pédro-surplus s'approche et lui demande un lacet pour sa chaussure. Une conversation s'engage entre les deux hommes qui parlent de l'homosexualité de Gabriel et de l'impossibilité de l'inconnu à se souvenir de son propre nom. Pendant ce temps, Zazie et Gabriel, conduits par Charles, partent visiter Paris.

REPÈRES POUR LA LECTURE

Une parodie de dialogue philosophique

À l'interrogatoire de police parodié au chapitre précédent répond la parodie du dialogue philosophique, et en particulier le jeu du questionnement de Socrate dans les dialogues de Platon. Trois éléments sont tournés en dérision. Raymond Queneau parodie tout d'abord *Le Banquet* en présentant, comme chez Platon (424-347 av. J.-C.), des hommes en train de se restaurer en discutant d'amour homosexuel mais cette fois sur le mode familier. Comme Socrate préconisant « Connais-toi toi-même », Pédro-surplus s'interroge sur son identité. Enfin, les questions de Socrate sont ridiculisées car, contrairement au philosophe,

Pédro-surplus est contraint de faire lui-même les questions et les réponses, transformant le dialogue en monologue insensé.

Pédro-surplus, un anti-personnage ?

Pédro-surplus est un personnage qui permet à Raymond Queneau d'exprimer la modernité de son écriture : personnage sans identité, il ne connaît pas son nom. Comme il le clame, il est un personnage vide, tantôt satyre, tantôt policier. Il est tout et son contraire : un anti-personnage contemporain du Nouveau Roman.

CHAPITRE VIII

La visite de la Tour Eiffel

RÉSUMÉ

Zazie, Gabriel et Charles admirent Paris depuis le sommet de la Tour Eiffel. Pendant que Gabriel redescend, Zazie en profite pour presser Charles de questions sur les femmes. Mais, agacé, le chauffeur de taxi décide de rejoindre Gabriel avant de se disputer avec lui et de rentrer seul. C'est alors que Gabriel assailli d'une nuée de touristes enthousiastes retrouve Fédor Balanovitch, un ami perdu de vue et reconverti depuis comme guide touristique. Tous embarquent dans son autocar afin d'aller visiter la Sainte-Chapelle.

REPÈRES POUR LA LECTURE

Une parodie de récit picaresque et d'épopée

Raymond Queneau parodie le récit picaresque[1] et l'épopée. Le picaresque tout d'abord car la narration se constitue notamment autour de la rencontre impromptue de personnages, à l'instar de Fédor Balanovitch dont le nom relève du comique et de la figure du *picaro*, cet aventurier voleur. Raymond Queneau

---

1. *Récit picaresque* : récit d'aventures, d'inspiration espagnole.

parodie aussi l'épopée car l'ensemble des aventures des personnages appartient à une quête : rentrer chez eux comme Ulysse, le héros de l'*Odyssée* (≈ fin du VIIIᵉ siècle av. J.-C.), à Ithaque. Marceline, Pénélope moderne, les y attend. La formule finale qui décrit le bus des touristes comme un « véhicule aux lourds pneumatiques » (p. 120) est une allusion au style homérique riche en épithètes emphatiques[1].

Les tirades de Gabriel (1)

Raymond Queneau parodie également l'écriture théâtrale. Ainsi, Gabriel se livre à la parodie de la célèbre tirade de Hamlet de Shakespeare (1564-1616) commençant par la formule « Être ou ne pas être, telle est la question » (III, 1). Reprise ici, elle est déclinée avec une allusion à *L'Être et le Néant* (1943), essai philosophique de Sartre (1905-1980) : « L'être ou le néant, voilà le problème. » En reprenant par la suite le jeu des questions rhétoriques du héros shakespearien, il s'agit pour Queneau de rire de la mécanique théâtrale mais aussi, de montrer que ses héros ne sont pas de simples pantins, et qu'au cœur de la parodie, un malaise métaphysique[2] s'installe.

CHAPITRE IX

L'enlèvement de Gabriel

RÉSUMÉ

Accompagné de Zazie, toujours hargneuse, Gabriel poursuit sa visite guidée de Paris dans le bus des touristes qui l'admirent. Profitant de leur inattention, l'oncle et la nièce se sauvent pourtant et rencontrent sur un banc une veuve nommée Mouaque qui veut refaire l'éducation de la petite fille. Mais leur conversation est

---

1. *Emphatique* : qui amplifie, accentue un effet.
2. *Métaphysique* : branche de la philosophie qui s'interroge sur la recherche des principes premiers et sur l'existence de Dieu.

interrompue : Gabriel est emmené de force par les touristes qui viennent de le retrouver. La veuve Mouaque crie à l'enlèvement, ce qui alerte Trouscaillon, un policier passant par là, qui se met immédiatement en charge de le retrouver.

Un comique de situation

Raymond Queneau joue systématiquement du comique de situation, car nombre d'actions prêtent à rire, retrouvant une inspiration manifestement théâtrale. La figure de style majeure en est l'antithèse qui fait s'opposer deux personnages contraires. Le colosse qu'est Gabriel pousse des petits cris peu virils quand Zazie, petite fille, le pince, ce qui provoque une situation ridicule et inattendue.

La veuve Mouaque, double négatif de Zazie

Double inversé de Zazie, la veuve Mouaque s'impose comme une figure féminine opposée en tout point à la fillette. Elle incarne l'image de la vieille femme par opposition à l'enfant Zazie. Cependant, paradoxe dont Raymond Queneau joue fréquemment, la maturité est du côté de Zazie dans la mesure où la veuve pose des questions comme une enfant. La vieille dame semble, de surcroît, bien plus espiègle et joueuse dans ses échanges, notamment sur l'homosexualité supposée de Gabriel, que ne l'est Zazie.

CHAPITRE X

À la poursuite de Gabriel

RÉSUMÉ

Dans un véhicule réquisitionné avec peine par Trouscaillon, Zazie, la veuve Mouaque et le policier partent à la recherche de Gabriel. Au milieu des embouteillages, ils discutent avec le chauffeur de la voiture, originaire de Montron comme Zazie, et qui, lui aussi, va en direction de la Sainte-Chapelle. Finalement, la voiture emboutit le car de touristes au grand dam de Fédor Balanovitch.

REPÈRES POUR LA LECTURE

Un poème en prose comique

Raymond Queneau réinterprète la notion de comique de répétition et lui associe des anaphores, propres à la poésie, pour construire une narration qui s'impose à la fois comme un poème faisant rimer les situations et dont le comique surgit par le retour de phrases identiques. C'est le cas par exemple quand Trouscaillon cherche à arrêter une voiture : la situation se répète de façon absurde.

Une action cinématographique

Grand amateur de cinéma, Raymond Queneau s'inspire d'une logique narrative héritée du septième art. Il emprunte notamment la scène de la course-poursuite entre Indiens et cow-boys propres aux westerns américains dont la paternité est revendiquée, le chauffeur du véhicule affirmant ne pas vouloir jouer au « coboille » (p. 142). Mais comme à son habitude, Queneau détourne les attentes du genre dans la mesure où la course-poursuite perd de son intérêt dramatique puisqu'elle a lieu au cœur d'un embouteillage où aucune voiture n'avance.

CHAPITRE XI

Gabriel prépare la soirée des touristes

RÉSUMÉ

Zazie, la veuve Mouaque et Trouscaillon retrouvent Gabriel attablé à un café en train de discuter avec les touristes de Fédor Balanovitch. Décidés à se faire un peu d'argent, Gabriel et son ancien copain prennent en main la soirée des étrangers en les menant dans un restaurant puis au Mont-de-Piété, le cabaret où Gabriel donne tous les soirs son numéro de danseuse.

REPÈRES POUR LA LECTURE

Les tirades de Gabriel (2)

Ce chapitre s'ouvre sur une nouvelle tirade de Gabriel qui porte sur un nouveau problème métaphysique : les aléas de l'existence. Il s'agit là encore d'une reprise de la célèbre tirade d'Hamlet. Mais la parole shakespearienne est mêlée ici à des jeux d'assonance et à une ivresse de la liste et de l'accumulation qui évoque à Rabelais dont Raymond Queneau était un grand lecteur. *Gargantua* (1535) propose dans certains chapitres des accumulations de listes d'objets ou d'actions. Gabriel en reprend explicitement la manière.

L'amorce d'une scène de reconnaissance

Gabriel se rend compte dans cette scène que Trouscaillon semble être le Pédro-surplus qui n'a cessé de les occuper le matin même. Mais il ne s'agit que d'un indice pour suggérer au lecteur que le personnage a déjà été vu quelque part. Raymond Queneau joue de la paramnésie, ce sentiment de déjà-vu, guidant vers une scène de reconnaissance propre à toute action tragique depuis Aristote (*anagnorisis*). Car seul le personnage de Trouscaillon révélera, au-delà du comique, un malaise tragique de son identité multiple et instable.

CHAPITRE XII

Début de soirée au Sphéroïde

RÉSUMÉ

Alors que Trouscaillon est parti se changer en prévision de la soirée en amoureux qu'il compte passer avec la veuve Mouaque, cette dernière retrouve Zazie sur le trottoir du restaurant-bar Le Sphéroïde, boulevard Sébastopol. Gabriel est au sous-sol avec les touristes qui s'émerveillent de son adresse au billard. Mais tout le monde, avec Trouscaillon enfin revenu, se retrouve autour d'une choucroute infâme qui suscite une vive discussion entre Zazie, Gabriel et le patron.

REPÈRES POUR LA LECTURE

Un roman d'humour

La veuve Mouaque et l'agent Trouscaillon connaissent le début d'une romance. Raymond Queneau parodie la logique du roman d'amour, et notamment la scène de la déclaration entre Rodolphe et Emma dans *Madame Bovary* (1857) de Gustave Flaubert (1821-1880). Le silence caractérise la scène. Les personnages ne parlent pas, ce qui est inédit dans le récit. Cependant, le roman d'amour se mue en roman d'humour car les réactions de la veuve Mouaque démontrent une certaine puérilité en contraste avec la maturité de Zazie. Pour reprendre le titre d'un roman plus tardif de Queneau, paru en 1965, la veuve Mouaque est « fleur bleue ».

Une narration en périphrases

On ne sait pas qui est le narrateur du récit car il ne révèle jamais son identité mais très vite, sa voix se fait singulière. Entre reprises des formules de Zazie et de son orthographe en mode phonétique et discours indirects incessants, le narrateur affirme un ton oscillant entre l'innocence de l'enfant qui découvre la vie parisienne et l'érudition d'un encyclopédiste. La périphrase apparaît comme sa figure majeure puisqu'il énonce les choses de manière indirecte et plus complexe qu'elles ne le sont. Il est un encyclopédiste maladroit et inexact.

CHAPITRE XIII

Une annonce de mariage

RÉSUMÉ

Gabriel ne cesse de téléphoner à La Cave pour demander à Mado Ptits-Pieds d'aller chercher Marceline à qui il veut parler. Mais Mado Ptits-Pieds pense à autre chose : Charles vient de lui demander sa main et elle a accepté sa demande avec bonheur. Informé par téléphone, Gabriel leur dit de venir fêter leurs fiançailles au Mont-de-Piété avec Turandot, Laverdure, et Gridoux. Mado Ptits-Pieds monte dire à Marceline que Zazie restera avec son oncle. La nouvelle fiancée et Marceline s'échangent quelques compliments autour d'un verre.

REPÈRES POUR LA LECTURE

Une nouvelle scène de déclaration

Symétrique à la déclaration de Trouscaillon et de la veuve Mouaque, la scène entre Mado et Charles s'effectue cependant sur un mode inverse. Ici les personnages ne cessent de parler et évoquent leurs sentiments. De même, la situation est antithétique à celle de la veuve et de l'agent de police : alors que ces deux derniers viennent de se rencontrer, la serveuse et le chauffeur de taxi concluent logiquement une relation entamée depuis longtemps.

Une scène de séduction saphique[1]

Comme en écho aux ambiguïtés sexuelles qui font hésiter entre Gabriel et Gabriella, la scène entre Mado Ptits-Pieds et Marceline se présente comme une scène de séduction amoureuse entre deux femmes. Inversion de la déclaration de Charles à Mado, ce nouvel épisode est l'occasion pour Raymond

---

1. *Saphique* : qui concerne un rapport amoureux entre deux femmes.

Queneau d'affirmer encore un peu plus la construction en miroir de son roman mais aussi de rendre hommage aux amours saphiques des femmes damnées des *Fleurs du mal* (1857) de Charles Baudelaire ou d'Albertine et Andrée dans *À la recherche du temps perdu* de (1913-1927) Marcel Proust.

CHAPITRE XIV

Folle nuit parisienne au cabaret de Gabriel

RÉSUMÉ

Mado Ptits-Pieds, Turandot et Laverdure, menés par Charles dans son taxi, arrivent au Mont-de-Piété pour assister au numéro de cabaret de Gabriel. Ils y retrouvent pêle-mêle Zazie, la veuve Mouaque regrettant que Trouscaillon ait dû partir faire son devoir, les touristes de Fédor Balanovitch et le personnel du cabaret avec qui ils ont maille à partir. Mais tous se taisent : Gabriel va faire son numéro en tutu sur *La Mort du Cygne*[1].

REPÈRES POUR LA LECTURE

Les tirades de Gabriel (3)

Il s'agit de la troisième et dernière tirade de Gabriel. L'oncle de Zazie produit un nouveau et long discours qui a encore moins de sens que les précédents. Il ne fait cependant pas référence, cette fois, à Hamlet.

Le jeu du masculin et du féminin

Poursuivant son interrogation sur les identités, Raymond Queneau profite de la scène au cabaret pour intensifier son jeu sur les genres. Dans ce cabaret homosexuel, les hommes sont

---

1. Ballet russe créé en 1905 pour une danseuse célèbre qui l'interprétait en solo.

désignés en femmes, et le personnage de l'Écossais est désigné comme « un Écossaise ». Le but de Raymond Queneau consiste à jouer des fautes syntaxiques et autres fautes grammaticales pour travailler sur le langage, ses préjugés et les attentes du lecteur.

CHAPITRE XV

Un visiteur nocturne chez Marceline

RÉSUMÉ

Pendant ce temps-là, dans l'appartement qu'elle partage avec Gabriel, Marceline entend quelqu'un entrer par effraction. Ce n'est autre que Pédro-surplus, mais l'homme se fait désormais appeler l'inspecteur Bertin Poirée[1]. Avouant qu'il est également cet agent de police qui a séduit la veuve Mouaque, il confesse être revenu par amour pour Marceline. Mais l'épouse de Gabriel rejette ses avances et profite de son inattention pour se sauver avec une valise.

REPÈRES POUR LA LECTURE

Un personnage multiple et baroque

Pour Raymond Queneau, l'identité est une énigme et une source de doutes permanents : les hommes ne cessent de changer et ne peuvent se connaître définitivement. Si Zazie et Gabriel symbolisent le versant comique des hésitations entre qualités masculines et qualités féminines, le personnage de Pédro-surplus assume pour sa part le versant à la fois grotesque et tragique de ce malaise identitaire. Semblable au Protée[2] baroque toujours multiple, Pédro-surplus, devenu successivement Trouscaillon et Bertin Poirée, montre que l'identité c'est savoir être autre.

---

1. Habitant de Paris, au XIIIᵉ siècle. Une rue du Iᵉʳ arrondissement porte son nom.
2. Personnage mythologique grec dont les variations d'identité ont abondamment été mises en scène dans la littérature de l'âge baroque (1580-1660).

Une scène de reconnaissance ?

Alors que le lecteur attend logiquement que Marceline reconnaisse Pédro-surplus, tout semble déjoué par une ironie dramatique. Celle-ci reconnaît un homme qui, lui-même, ne parvient pas à se reconnaître. Cette non-reconnaissance de son identité par le personnage permet de relancer les dialogues et de creuser le malaise.

Marceline, un hommage à Marcel Proust

Femme mystérieuse et discrète, objet de la séduction ambiguë de Mado Ptits-Pieds puis de Bertin Poirée, Marceline est un personnage en hommage à l'Albertine de Marcel Proust. Tout au long du récit, Raymond Queneau joue sur les titres des tomes d'*À la recherche du temps perdu* qui renvoient à Albertine. Confinée au foyer, Marceline vit le même enfermement que l'héroïne de Marcel Proust au cinquième tome : *La Prisonnière*. Comme Albertine dans *Albertine disparue*, à la fin du chapitre, elle disparaît telle une fugitive.

CHAPITRE XVI

La sortie des artistes

RÉSUMÉ

Un peu plus tard, Trouscaillon retrouve Fédor Balanovitch devant le Mont-de-Piété. Ils attendent en discutant la fin du numéro de Gabriel pour repartir l'un avec la veuve Mouaque, l'autre avec les touristes. Pendant que Fédor ramène en autocar les visiteurs, tous décident d'aller prendre une soupe à l'oignon au bar Aux Nyctalopes. Mais Gabriel reconnaît en Trouscaillon le satyre du matin. Une dispute s'ensuit avec la veuve Mouaque, outrée. C'est alors que deux policiers en patrouille viennent voir ce qui se passe, s'en prennent à Trouscaillon et finissent par être arrêtés par d'autres policiers en patrouille.

L'ellipse du numéro de Gabriel

Pourtant attendu depuis le début du récit, puis plus précisément depuis trois chapitres, le numéro de Gabriel n'est cependant pas raconté. Il fait l'objet d'une ellipse qui illustre plus largement la technique du récit de Raymond Queneau : les événements centraux ne peuvent être racontés. Ils échappent au narrateur et à l'art romanesque. De fait, cette absence du numéro de Gabriel est à mettre en regard de l'ellipse du métro qui reste fermé tout au long du récit.

Les jeux de miroir

Pour Raymond Queneau, le récit est un art des symétries où tout se fait écho, même à l'échelle d'un chapitre comme celui-ci. À Trouscaillon, qui est tour à tour policier et inspecteur, viennent répondre deux vrais policiers en patrouille, eux-mêmes mis en écho avec deux autres policiers qui patrouillent. Il s'agit d'un jeu de miroir à l'infini qui reflète le caractère ludique du romancier qui fait régner l'arbitraire.

CHAPITRE XVII

La bagarre aux Nyctalopes

RÉSUMÉ

À Pigalle, au petit matin, les personnages prennent une soupe à l'oignon Aux Nyctalopes. Pendant que Zazie, lasse, s'assoupit, Turandot et Mouaque se disputent et finissent par se gifler, ce qui met les serveurs en fureur. Tous finissent par se battre, à commencer par Gabriel qui triomphe. Ils se réconcilient et Gabriel prend un café-crème avant de décider de reconduire Zazie à la gare. Mais à l'extérieur du café, ameutés par l'affrontement, des militaires les attendent.

Une scène entre littérature et cinéma

Cette scène de bagarre entre dans la double logique du récit défendue par Raymond Queneau. Elle emprunte en effet à la scène de dispute héritée des joutes verbales des contes philosophiques de Voltaire mais ici l'issue en est comique : Turandot et la veuve Mouaque se giflent. Ensuite, la bagarre qui en découle s'inspire des affrontements des récits picaresques mais surtout des westerns et notamment des bagarres de saloons.

La logique invraisemblable des actions

Dans l'ensemble du récit, l'enchaînement des actions obéit à une logique entre le non-sens et l'invraisemblable. Ainsi, la bagarre entre les garçons de café et Gabriel ne laisse en rien présager que des militaires vont cerner le café, et pourtant ils arrivent sur les lieux.

CHAPITRE XVIII

Zazie enfin dans le métro

RÉSUMÉ

Gabriel finit son café-crème mais les militaires armés et menés par Trouscaillon se pressent à l'entrée. La veuve Mouaque reconnaît son amoureux en leur chef Aroun Arachide. Mais les soldats font feu sur elle. Elle meurt et Zazie s'évanouit. Trouscaillon révèle qu'il se nomme Aroun Arachide mais avant qu'il ne finisse son discours, Gabriel, Gridoux, Turandot, Laverdure et Zazie toujours évanouie disparaissent dans les sous-sols grâce à un monte-charge actionné par un homme avec une valise qui les guide jusqu'au métro.

L'ironie dramatique du récit

Plus que jamais, Queneau montre que l'auteur dirige comme il l'entend son récit. Il s'amuse de ses personnages et de l'antiphrase du titre de son roman. Alors que Zazie n'a eu que le désir depuis le premier chapitre de voir le métro, elle peut enfin le faire. Mais l'ironie du sort et du romancier a décidé que Zazie serait dans le métro sans le savoir puisqu'elle l'emprunte endormie.

Un pari littéraire

La scène de fuite à travers les souterrains joue d'un double hommage à la littérature du XIXe siècle. Raymond Queneau réinterprète tout d'abord la scène de la fuite épique de Jean Valjean dans les égouts de Paris au cœur des *Misérables* (1862) de Victor Hugo. Mais ici les souterrains mènent au métro. L'homme qui guide les personnages avec une lampe vers le métro est désigné comme le lampadophore en hommage à Mallarmé et à son « sonnet en X » qui a créé ce néologisme signifiant « porteur de lampe ». Queneau considère en effet Mallarmé comme le poète dont les jeux de miroirs sont fondateurs d'une écriture de la modernité dont il se réclame.

CHAPITRE XIX

Zazie sans le métro

RÉSUMÉ

Jeanne Lalochère, quittant son amant après deux jours de folle passion, s'en va récupérer Zazie à la gare comme convenu. Mais c'est Marcel qui lui rend l'enfant expliquant que les personnages impliqués dans l'affrontement avec les militaires doivent se sauver. Zazie déclare à sa mère qu'au terme de ces deux jours, elle a vieilli.

L'épilogue d'un conte mooderne ?

La dernière phrase de Zazie qui affirme avoir vieilli apparaît comme une surprise finale. Il contraste avec l'apparente légèreté de l'ensemble du récit. Faut-il y voir une conclusion morale comme dans un conte philosophique ? Tout porte à le croire puisque les actions soulignent combien le personnage de la petite fille a sans doute franchi des étapes pour parvenir à l'âge adulte. Ce vieillissement final évoque également la maturité finale des héros de Gustave Flaubert, notamment Frédéric Moreau de *L'Éducation sentimentale* (1869), roman d'apprentissage auquel Raymond Queneau ne cesse de rendre hommage.

Marcel, un nouveau personnage ?

Qui est ce Marcel qui rend Zazie à Jeanne Lalochère ? Marcel semble être Marceline, l'épouse de Gabriel. À la surprise générale, un coup de théâtre intervient encore : Marceline est un homme. Il s'agit d'un nouveau tour de Raymond Queneau sur les identités et les genres. Marceline est-elle un homme ou un travesti ? Le récit ne répond pas et ne permet d'apporter aucune réponse à cette question comme pour souligner de manière ultime que l'identité demeure une énigme au cœur de la modernité.

LE FILM

Trois règles président au découpage suivant du film de Louis Malle :

1. En premier lieu, chaque séquence (au nombre de dix-huit) est minutée dans sa durée et est assortie d'un titre qui en résume le sens général. Ensuite, les lieux sont ainsi indiqués : *Intérieur* ou *Extérieur* suivi d'une indication précise. La musique est également notée en italique. Enfin, l'intrigue et les actions des différents personnages sont assorties de changements de plans.

2. Parce que le film se caractérise par de nombreux plans différents, leurs changements ne sont notés que lorsqu'ils sont révélateurs de la mise en scène de Louis Malle.

3. Enfin, chaque séquence s'accompagne d'un ou de plusieurs repères qui signalent les directions suivies par Louis Malle dans sa mise en scène et le réseau de références cinématographiques qu'il entend y déployer.

SÉQUENCE 1 (1 min 19)

Générique

RÉSUMÉ

Extérieur. Musique entrecoupée de sifflets de train. La banlieue de Paris. Une voie de chemin de fer que la caméra, embarquée dans un train en pleine course, suit de gare en gare sans s'arrêter. Pendant ce temps, sur les rails, défile en lettres rouges le générique avec le titre du film, le nom du réalisateur et de l'équipe du film.

REPÈRES POUR LA LECTURE FILMIQUE

Un générique annonciateur

Le but de Louis Malle est de donner dès le générique du film quelques indices sur Zazie. Le réalisateur livre deux éléments majeurs à son spectateur. Tout d'abord, les lettres rouges du générique en écriture bâton rappellent l'écriture d'un enfant. Elles suggèrent d'emblée l'âge de Zazie. Ensuite, à travers la traversée de la banlieue, Louis Malle suggère que son héroïne n'est pas parisienne mais qu'elle sera en visite à Paris.

Un western urbain

Rappelant par son air sifflé celles des westerns de John Ford alors en vogue à Hollywood, la musique du générique renseigne sur le western urbain qui sera celui de Zazie et de ses comparses. De surcroît, les plans sur les lignes de chemins de fer et les sifflets sont un clin d'œil à un western ayant remporté un vif succès quelques années plus tôt : *Le Train sifflera trois fois* (1952) de Fred Zinnemann (1907-1997).

SÉQUENCE 2 (1 min 17 ➜ 3 min 34)

L'arrivée de Zazie à la gare

RÉSUMÉ

Intérieur. Gare de L'Est. Gabriel interprété par Philippe Noiret déambule parmi la foule qui attend les passagers d'un train. En plan séquence et voix off avec réverbération, le personnage se plaint de l'odeur. Une dispute éclate avec une dame à propos de son parfum. Fumée du train à vapeur entrant en gare. En accéléré, les passagers en descendent, parmi eux une femme blonde se détache et court semble-t-il vers Gabriel mais tombe dans les bras d'un homme à côté de lui. Sans crier gare, Zazie, interprétée par Catherine Demongeot, se jette dans les bras de son oncle. Jeanne, sa mère, s'éloigne en accéléré en tourbillonnant dans une valse folle avec son amant et donne rendez-vous à Zazie et à Gabriel le surlendemain.

Un hommage aux premiers films comiques

Les choix d'adaptation de Louis Malle cherchent à souligner la dimension comique du récit de Queneau. Pour cela, le cinéaste décide, dans cette scène d'ouverture, de recourir à une suite de plans en accéléré qui sont un hommage aux premiers films comiques de l'histoire du cinéma. Louis Malle fait référence au montage des films de Buster Keaton (1895-1966) et de Charlot, suggérant par là que Zazie deviendra un type comique à l'instar du héros de Charlie Chaplin (1889-1977).

Le jeu théâtral des acteurs

La diction grandiloquente des acteurs ainsi que leurs mimiques outrancières installent un jeu théâtral au cœur du film. Pour Louis Malle, il s'agit en premier lieu d'y puiser un ressort comique en rendant notamment hommage à la tradition de la *commedia dell'arte*. Mais il s'agit surtout de souligner la singularité de Zazie. En effet, alors que Gabriel et Jeanne apparaissent exagérés dans leurs attitudes, Zazie est, au contraire, le seul personnage à ne jamais surjouer. En toutes circonstances, elle reste naturelle comme si Louis Malle voulait marquer combien la petite fille est d'une spontanéité sans faille dans ce monde d'adultes factices.

SÉQUENCE 3 (3 min 35 ➜ 7 min 41)

Première visite de Paris en voiture

RÉSUMÉ

Extérieur. Parvis de la gare de l'Est. Zazie demande à son oncle s'ils peuvent prendre le métro. Mais il est en grève. Une foule d'usagers tente en accéléré de monter d'assaut dans le taxi de Charles, un ami de Gabriel qui doit les mener jusque chez lui. Zazie s'échappe pour aller voir le métro. Course-poursuite en accéléré avec Gabriel qui cherche à la rattraper. Ils finissent par revenir dans le taxi de Charles. Commence alors une série de plans alternés avec le visage de Zazie, émerveillée, qui découvre Paris, et des plans d'ensemble du taxi roulant au milieu d'un trafic chargé, caractéristique des jours de grève dans la capitale. Gabriel improvise pour sa nièce une visite guidée. Mais alors que le taxi passe invariablement devant la même église (Saint-Vincent-de-Paul), Gabriel désigne à chaque fois un monument différent. Un gros plan sur l'oncle clôt la séquence alors qu'il déclame un monologue sur la vérité.

REPÈRE POUR LA LECTURE FILMIQUE

Un comique de répétition

Tandis que le roman de Raymond Queneau hésite entre comique et malaise existentiel pour qualifier cette visite guidée ratée et approximative de Paris, le film de Louis Malle décide de n'en retenir que le versant comique. Loin de confronter les personnages à une ville devenue labyrinthe, le metteur en scène préfère explorer le ressort burlesque d'une telle situation en insistant sur le retour systématique du même plan sur l'église Saint-Vincent-de-Paul. Le monologue final de Gabriel, délibérément surjoué par Philippe Noiret avec des accents tragiques appuyés, achève de souligner le caractère grotesque de l'ensemble de la séquence.

SÉQUENCE 4 (7 min 42 ➜ 9 min 03)

Au bar de Turandot

RÉSUMÉ

Intérieur. Bar de Turandot. Plan sur un phonographe qui est remplacé par un juke-box. *Musique jazz.* Des ouvriers refont la décoration du bar. Sont présents une serveuse et son patron avec un sonotone (appareil audio). Crissement de pneus au volume anormalement élevé. C'est le taxi de Charles qui arrive avec Zazie et Gabriel à son bord. Charles discute avec Madeleine la serveuse. Mais la musique devient trop forte. On n'entend plus les répliques des personnages. Turandot crie et parle à son perroquet en cage. Pendant ce temps, Zazie monte avec son oncle l'escalier qui mène à son appartement.

REPÈRE POUR LA LECTURE FILMIQUE

Une réflexion en filigrane sur l'histoire

À l'instar du roman de Raymond Queneau qui évoque souvent la période de l'Occupation, la mise en scène de Louis Malle choisit d'y faire allusion en utilisant dans nombre de scènes le décor. On trouve par exemple, sous les lambris, une affiche du Maréchal Pétain que Turandot arrache rageusement. Plus largement, les travaux de rénovation du bar visant à le rendre plus contemporain dureront tout le film afin de souligner que progressivement la France d'avant-guerre disparaît au profit d'une modernité aveugle. Une telle réflexion nostalgique d'une époque qui chasse l'autre est un hommage au cinéaste Jacques Tati (1907-1982) et à son film *Mon Oncle* (1958) qui faisait déjà le même constat.

SÉQUENCE 5 (9 min 04 ➜ 14 min 31)

Le souper chez l'oncle Gabriel

RÉSUMÉ

Scène de nuit. Néons de clubs à Pigalle. *Intérieur.* Appartement de Gabriel. Gros plan sur le visage impassible d'Albertine qui porte une soupière. Attablés dans un salon richement décoré, Gabriel et Zazie dînent. Albertine, la femme de Gabriel, vient leur apporter les plats. Une fois le dessert pris et Zazie couchée, Turandot arrive pour discuter de l'enfant et de ses propos grossiers. Il s'emporte et casse la table sous l'œil de Gabriel qui, avec l'aide d'Albertine, s'habille pour sortir travailler.

L'art du montage comme ressource comique

Au cinéma depuis Chaplin, le comique s'appuie souvent sur le montage des plans pour créer un effet de rythme et accentuer le caractère répétitif d'une action. En ce sens, Louis Malle construit la scène du repas sur deux jeux principaux de montage. Le premier consiste à multiplier hors de toute vraisemblance la cadence avec laquelle Albertine sert les plats. La répétition des mêmes plans (Albertine sert/Gabriel et Zazie mangent) plus de cinq fois de suite contribue à créer un comique de répétition. Le second jeu de montage consiste à faire se déplacer Zazie en hors-champ en la situant, d'un propos à l'autre, soit à gauche soit à droite sans que Gabriel paraisse s'en étonner. Le but est double : il s'agit de souligner le caractère imperturbable de l'oncle et la vivacité de Zazie, personnage mobile et espiègle.

De Marceline à Albertine

Chez Raymond Queneau, le personnage de la femme de Gabriel se prénomme Marceline, en hommage à Marcel Proust. Louis Malle décide de rendre l'hommage plus explicite en lui donnant le prénom de l'héroïne d'*À la recherche du temps perdu*, Albertine. Un tel changement de nom lui permet un jeu de mots à la toute fin du film quand celle-ci a disparu comme s'exclame Gabriel, citant de manière ludique le titre d'un des tomes de Proust : *Albertine disparue* (1925).

SÉQUENCE 6 (14 min 32 ➔ 20 min 30)

La fugue de Zazie

RÉSUMÉ

Intérieur. Matin. Zazie s'habille sans faire de bruit pour sortir et descend au bar où Turandot range des bouteilles.

Extérieur. Turandot se lance dans une course-poursuite en accéléré pour rattraper Zazie. La petite fille finit par le faire passer pour un satyre qui cherche à l'agresser. Succession de gros plans sur les visages ébahis des badauds. Zazie et Turandot s'enfuient chacun de leur côté.

Intérieur. Bar. Turandot revient affolé et monte réveiller Gabriel qui sort en bondissant de son lit pour partir à la recherche de Zazie.

Extérieur. Devant le bar en travaux. Gabriel en pyjama, Turandot et Gridoux, le cordonnier, sont assis sur un banc et conversent de l'Occupation.

REPÈRES POUR LA LECTURE FILMIQUE

Le conte de fées de Zazie

Alors que dans le roman de Raymond Queneau Zazie est une petite fille mûre, Louis Malle choisit d'accentuer le caractère enfantin de sa jeune héroïne en l'installant dans un univers hérité des contes de fées. Ainsi dans la scène où Zazie doit se chausser, ses chaussures volent dans les airs et se retrouvent comme par magie à ses pieds. La petite fille vit à Paris un rêve éveillé, ce que suggère encore la scène où, dans la rue, elle descend les escaliers et se voit photographiée par un inconnu comme si elle était une célébrité descendant les marches du Palais des Festivals à Cannes.

Un double hommage à Jacques Tati

La scène de l'altercation en public de Zazie avec Turandot est un double hommage à Jacques Tati. Comme monsieur Hulot, personnage fétiche du cinéaste, Zazie évolue dans des scènes en accéléré soulignées par une musique enjouée, où elle passe son temps à traverser des épreuves invraisemblables sans même s'en rendre compte. D'autre part, la présence surprenante d'une fanfare surgit comme un clin d'œil à la fanfare qui s'illustre dans les plus célèbres scènes de *Jour de fête* (1949) de Jacques Tati.

Zazie aux Puces

RÉSUMÉ

Extérieur. L'entrée d'une station de métro. Zazie fond en larmes car le métro est toujours en grève. Le son de ses pleurs couvre démesurément tout autre bruit dans la rue alentour. Un homme l'aborde et tente de la consoler.

Extérieur. Une allée du marché aux Puces. Zazie et l'inconnu arrivent à un stand pour acheter une paire de jeans.

Intérieur. Café-restaurant. Zazie mange des moules tout en racontant à l'inconnu comment son père a tué sa mère. Musique très forte couvrant ses paroles. Profitant d'un moment d'inattention de l'inconnu, Zazie prend la fuite avec sa paire de jeans.

REPÈRES POUR LA LECTURE FILMIQUE

Un Paris poétique, insolite et surréaliste

Tout au long de son film, Louis Malle multiplie les plans dans lesquels il rend hommage au mouvement surréaliste emmené par André Breton (1896-1966). Ainsi, il propose de glisser des détails insolites dans plusieurs seconds plans de chaque scène. De fait, le spectateur attentif remarque un personnage qui vole un réveil sonnant dans la poche de Gabriel, une femme tuée pour son sac à main dans une indifférence générale ou Zazie qui découvre une perle huîtrière dans son assiette de moules.

Il s'agit d'autant d'accidents du réel qui, pour l'auteur de *Nadja* (1928), permettaient d'apporter de la poésie au quotidien. Cet hommage culmine dans la présentation de la foire aux Puces si chère à André Breton ou à Louis Aragon (1897-1982), foire détaillée dans tous ses étals en une succession frénétique de plans.

Un univers baroque

À l'instar du mouvement baroque (1580-1660) qui interroge les incertitudes de l'identité par des jeux de miroirs et dont

Raymond Queneau s'inspire comme beaucoup de ses contemporains, Louis Malle met en scène la question des troubles de l'identité en démultipliant les doubles. C'est pourquoi, l'inconnu a pour double le vendeur de jeans aux Puces.

SÉQUENCE 8 (27 min 30 ⇥ 32 min 29)

La course-poursuite

RÉSUMÉ

Extérieur. Zazie et l'inconnu se poursuivent à un rythme soutenu et en accéléré. Ils passent successivement de la foire aux Puces, à la Galerie Vivienne, aux marches d'un musée, à une course-poursuite en voiture. Chaque fois que l'inconnu semble rattraper Zazie, celle-ci s'échappe. Il finit par lui reprendre les jeans alors qu'ils ne courent plus et marchent tranquillement sur un pont.

REPÈRE POUR LA LECTURE FILMIQUE

Une course-poursuite de dessins animés

Choisissant de privilégier l'image d'une petite fille espiègle et astucieuse, Louis Malle puise dans les références de l'univers des enfants pour construire la dramaturgie de cette course-poursuite. C'est pourquoi toute la scène obéit à la logique des dessins animés et des cartoons tels que *Tom et Jerry* (1940-1958) et autres cartoons de Tex Avery (1908-1980). De véritables planches de dessins animés ponctuent certaines explosions que déclenche Zazie comme s'il s'agissait d'un cartoon. La structure de la course en est parfaitement calquée : comme Jerry, la souris, Zazie multiplie les subterfuges pour ne pas se faire prendre et comme Tom, le chat, l'inconnu est volontiers lent et nigaud sortant perdant de chaque confrontation. Une chorégraphie se met en place entre les deux personnages dont le rythme accéléré évoque les dessins animés de Tex Avery.

De retour chez oncle Gabriel et tante Albertine

RÉSUMÉ

Extérieur. Même endroit où se trouvaient les tas de gravats. Devant le même attroupement de personnes, Zazie tente de faire croire que l'inconnu est un satyre. Or l'homme retourne la situation en démontrant que la petite lui a volé les jeans.

Intérieur. Appartement de Gabriel et Albertine. L'inconnu prétend être un forain répondant au nom de Pédro-surplus et interroge l'oncle sur Zazie. Cette dernière en a profité pour aller essayer ses jeans avec Albertine. Toutes deux écoutent à la porte avant de revenir dans le salon. Pédro-surplus déclare alors son amour à Albertine. Mais excédé, Gabriel qui a avoué être danseuse espagnole la nuit, finit par le jeter par la fenêtre.

REPÈRE POUR LA LECTURE FILMIQUE

Une parodie de déclaration d'amour

Louis Malle parodie une scène d'amour : la rencontre entre Albertine et Pédro-surplus se présente comme un détournement des scènes d'émois amoureux dans *Vertigo* (1958) d'Alfred Hitchcock (1899-1980). Le mouvement circulaire que décrit la caméra autour des deux personnages et la musique sobre et mesurée évoquent le film du réalisateur britannique. Mais le jeu de regards outré de Pédro-surplus apporte une dimension comique qui, au lieu de rendre le moment lyrique, l'installe dans le grotesque.

Le repas de midi

RÉSUMÉ

Extérieur. La terrasse du bar en bas de chez Gabriel. Pédro-surplus atterrit directement à table et se fait servir par Madeleine qui abandonne tout quand Charles arrive. Ils s'embrassent tendrement. Un carton, indiquant « 23 minutes plus tard », s'intercale. Madeleine apporte à manger à Gridoux puis revient en dansant dans les escaliers et confie son amour pour Charles parti manger chez Gabriel.

Extérieur. Boutique de Gridoux. Le cordonnier discute avec Pédro-surplus des troubles d'identité de ce dernier. Pendant ce temps, Zazie monte en voiture avec Charles et son oncle pour découvrir Paris. Pédro-surplus finit par aller vers le métro pourtant fermé.

REPÈRE POUR LA LECTURE FILMIQUE

Une comédie musicale improvisée

Nouvel hommage au cinéma, la scène qui voit Madeleine danser dans l'escalier est une référence à la comédie musicale alors très en vogue. Chacun des gestes de la jeune serveuse obéit à une chorégraphie improvisée et ses paroles semblent quasiment chantées sur l'air de musique qui accompagne chaque plan. Un tel moment de grâce n'est pas sans évoquer *Un Américain à Paris* (1951), comédie musicale de Vincente Minelli (1903-1986) avec lequel, plus largement, un rapprochement avec *Zazie dans le métro* peut être tissé. L'Américain est identique à la jeune Zazie : il s'agit d'un étranger qui arrive à la capitale et qui en tombe amoureux en en découvrant tous les charmes.

La visite de la Tour Eiffel

RÉSUMÉ

Extérieur. Plan sur des embouteillages place de la Concorde. Plan sur la Tour Eiffel. Dans l'ascenseur de la Tour débordant de touristes, Gabriel, au grand étonnement de Zazie et de Charles, crie aux touristes de se taire.

Extérieur. Succession de plans montrant Gabriel ayant perdu ses lunettes, racontant sa vie et divagant en différents endroits, souvent périlleux, du monument. Dans le même temps, plans montrant Zazie et Charles en accéléré qui discutent en descendant les escaliers.

Extérieur. Au pied de la Tour Eiffel. Gabriel retrouve Fédor un vieil ami devenu guide et conducteur de bus touristique. Charles finit par redescendre mais il abandonne Gabriel et Zazie après s'être disputé avec cette dernière en raison de ses questions trop insistantes.

REPÈRE POUR LA LECTURE FILMIQUE

Un monologue onirique

Alors que Zazie apparaît comme le seul personnage spontané du film, Gabriel est présenté dans cette scène comme un personnage fantasque et poétique. Son monologue censé présenter sa vie est l'occasion d'une scène onirique : Gabriel marche comme dans le vide pendant ses déambulations dans la Tour Eiffel. Reprenant les codes cinématographiques propres à toute scène de rêve, il déclame son texte en voix off sur une musique évoquant le registre fantastique. L'envol final en ballon renforce l'idée selon laquelle, pour Louis Malle, Gabriel est le grand enfant du film plus encore que Zazie.

L'enlèvement de Gabriel

RÉSUMÉ

Extérieur. Embouteillages. Gabriel et Zazie rencontrent une veuve en voiture qui les importune. Ils conversent sur les quais de Seine mais Gabriel, qui se plaint d'être en retard pour sa répétition, se fait enlever par un bus de touristes. Arrive un agent de police qui s'écrie « Albertine ». Les deux femmes l'interpellent pour rattraper Gabriel désormais captif. Ils décident de partir à sa recherche avec la voiture de la veuve. Zazie croit connaître l'agent.

REPÈRE POUR LA LECTURE FILMIQUE

Une logique carnavalesque

La présence du chanteur Sacha Distel (1933-2004), interprète à succès de *Si tu vas à Rio* (1958), permet à Louis Malle de suggérer combien l'esprit du carnaval brésilien règne sur son film. Dans un esprit parfaitement ludique, tout y est permis comme dans ces fêtes où chacun peut changer de déguisement comme il le souhaite. C'est le cas de Pédro-surplus qui hérite de cet esprit et qui réapparaît sous les traits d'un agent de police. Mais, plus profondément, Malle retrouve l'esprit carnavalesque du Moyen Âge où toutes les valeurs sont systématiquement inversées.

La folle course-poursuite

RÉSUMÉ

Extérieur. Embouteillages. La veuve Mouaque et l'agent Trouscaillon partent en voiture avec Zazie à la poursuite de Gabriel. Les plans montrent en alternance Gabriel dans le bus des touristes qui se rend à la Sainte-Chapelle et la veuve Mouaque qui tombe amoureuse de Trouscaillon. Pendant ce temps, Gabriel presse Fédor, le conducteur du bus, d'aller plus vite pour qu'il n'arrive pas en retard à sa répétition.

Extérieur. Saint-Vincent-de-Paul. Le bus arrive. Occupée à discuter avec Trouscaillon, la veuve Mouaque rentre de plein fouet dans le bus garé devant l'église. Émoi des touristes. Gabriel arrive enfin à son cabaret, Le Paradis, situé non loin de là.

REPÈRE POUR LA LECTURE FILMIQUE

Une poursuite entre burlesque et western

La course-poursuite pour rattraper le bus de Gabriel emprunte aux codes des films de Buster Keaton. La voiture de la veuve Mouaque dépouillée progressivement de sa carrosserie est un clin d'œil à nombre de scènes du cinéaste de films muets. La musique militaire soutenue par des trompettes mexicaines est une allusion aux westerns de John Ford (1894-1973), notamment aux scènes d'action où les cow-boys et la cavalerie poursuivent les Indiens qui enlèvent de jeunes femmes.

SÉQUENCE 14 (58 min 42 ➔ 1 h 05)

Les répétitions au cabaret

RÉSUMÉ

Intérieur. Le cabaret. Gabriel arrive pendant la répétition des danseuses. Il se fait disputer par le régisseur. Il attend qu'Albertine arrive avec sa nouvelle robe pour le spectacle puis téléphone au bar de Turandot pour savoir où elle en est. C'est Madeleine qui décroche. Elle est avec Charles qui vient de la demander en mariage. Pour célébrer leurs fiançailles, Gabriel les invite au cabaret. Séries de plans en alternance où, en extérieur et de nuit, la veuve Mouaque et Trouscaillon s'embrassent fougueusement.

Pendant ce temps, Zazie dirige la répétition des danseuses et de son oncle. Madeleine monte dire à Albertine que Gabriel a besoin de sa nouvelle robe.

REPÈRE POUR LA LECTURE FILMIQUE

Une ambiance de saloon

Poursuivant son hommage au genre du western, Louis Malle en reprend les codes pour transformer le cabaret de Gabriel en saloon. La musique évoque les pianos mécaniques typiques des saloons, la tenue des danseuses est proche de celle que porte Marilyn Monroe (1926-1962) notamment dans *La Rivière sans retour* (1954) d'Otto Preminger (1906-1986), et, pour finir, l'incendie qui surgit à la fin des répétitions rappelle l'atmosphère de confusion des saloons, lieux propices aux affrontements de toute nature.

SÉQUENCE 15 (1 h 05 → 1 h 13)

Une virée nocturne

RÉSUMÉ

Extérieur nuit. Les grands boulevards. La veuve Mouaque et Zazie se promènent et discutent en attendant le début du spectacle de Gabriel.

Intérieur. Appartement de Gabriel. Madeleine et Albertine finissent de discuter. Trouscaillon, caché, suit Albertine qui prend son Vélosolex pour aller porter sa robe à Gabriel.

Extérieur nuit. Musique jazz. Succession de plans qui montrent Trouscaillon suivant Albertine, Gabriel attendant dans sa loge, la veuve Mouaque harcelant les agents de police et Zazie s'endormant sur le capot d'une voiture en rêvant aux différentes personnes qu'elle a rencontrées depuis son arrivée à Paris.

Extérieur nuit. Tous les personnages se retrouvent devant le cabaret de Gabriel, y compris le bus de touristes.

Intérieur. Loge de Gabriel. Tous s'y pressent. Gabriel entre en scène.

Entre film noir et théâtre de l'absurde

La longue scène nocturne de circulation automobile, accompagnée d'une musique de jazz, apparaît comme un hommage aux films noirs ainsi qu'au précédent film de Louis Malle, *Un ascenseur pour l'échafaud* (1957) rendu aussi célèbre pour sa bande originale signée par Miles Davis (1926-1991). Cet univers sombre se heurte par contraste aux visions burlesques de la veuve Mouaque dont le comportement, entre grotesque et non-sens, est une référence au théâtre de l'absurde et en particulier à *La Cantatrice chauve* (1950) d'Eugène Ionesco (1909-1994).

SÉQUENCE 16 (1 h 13 ➡ 1 h 17)

Une nouvelle déclaration d'amour

RÉSUMÉ

Intérieur. Loge. Pendant que Gabriel exécute son numéro, Albertine range les affaires de son mari mais Trouscaillon surgit à l'improviste. Il prétend désormais être l'inspecteur Bertin Poirée et déclare à nouveau sa flamme à Albertine qui, indifférente, repousse ses avances et s'habille en motard. Zazie arrive. Albertine part chercher la valise de la petite qui part à son tour laissant Bertin Poirée crier seul.

Extérieur. Devant le bus de touristes. Trouscaillon se plaint à Fédor de ses problèmes d'identité. Tous sortent du cabaret et reconnaissent Trouscaillon comme le satyre du matin. Des policiers arrivent et, en dépit des protestations de la veuve Mouaque, l'agent de police est emmené.

Un nouvel Arlequin ?

Louis Malle insiste tout au long de son film sur le jeu extrêmement théâtral de ses acteurs, Trouscaillon en tête. Dans cette scène, il multiplie les changements de plans et de vêtements de son acteur. L'hommage à la *commedia dell'arte* se précise par le costume que porte Bertin Poirée : une cape à carreaux. Il s'agit de célébrer en lui un nouvel Arlequin, personnage qui change souvent d'identité et qui, comme Trouscaillon, clame de manière comique l'amour sur tous les tons.

SÉQUENCE 17 (1 h 17 ➽ 1 h 25)

Une bagarre générale

RÉSUMÉ

Intérieur. Un bar-restaurant à Pigalle dont la décoration est extrêmement moderne. Tous mangent une soupe à l'oignon. Seule Zazie dort. Un différend éclate entre Gridoux et la veuve Mouaque dégénérant en bagarre générale. Succession de plans en accéléré montrant chacun des personnages se battant avec des serveurs toujours plus nombreux. Le bar est totalement dévasté, les murs s'effondrent et laissent place à l'ancien décor Belle époque. Zazie se réveille. L'armée arrive avec à leur tête Trouscaillon qui désormais se fait appeler Aroun Arachide. La bagarre devient encore plus violente. Bruits de mitraillette et de bombardements. Confusion générale dans la poussière et les gravats.

REPÈRES POUR LA LECTURE FILMIQUE

Une bagarre déréalisée

L'univers de Zazie est déréalisé. Lorsqu'un personnage s'affronte à un autre, il n'est jamais blessé ou lorsqu'on lui tire dessus, il ne meurt pas puisque la visée de la scène est comique.

La logique burlesque des tartes à la crème (remplacées ici par des plats de choucroute) et des bouteilles cassées est celle des dessins animés. Seule la veuve Mouaque meurt exécutée par Trouscaillon, revenu grimé en Mussolini. Mais lorsque les combats s'intensifient, Louis Malle rappelle que tout cela n'est que cinéma : le décor s'effondre pour montrer les projecteurs et le plateau de cinéma avec le cameraman perdu au milieu de la bataille. Dans un esprit baroque, le réalisateur souligne que le monde est une vaste comédie.

SÉQUENCE 18 (1 h 25 ➜ 1 h 29)

Zazie dans le métro

RÉSUMÉ

Une trompette de cavalerie retentit. Gabriel, Zazie, Turandot, Charles et Madeleine disparaissent grâce à un monte-charge dans le sous-sol du restaurant. C'est Albertine qui les accueille. Elle prend Zazie endormie avec elle.

Plan dans le noir. La lumière s'allume. Escalator du métro sur lequel se retrouvent Gabriel, Turandot, Charles et Madeleine. C'est la fin de la grève. Ils rentrent dormir chez eux.

Wagon du métro en marche. Albertine est assise à son bord avec Zazie endormie dans ses bras.

Intérieur. Chambre d'hôtel. Jeanne Lalochère, la mère de Zazie, abandonne son amant endormi.

Extérieur. Quai de gare. Jeanne monte dans le train en marche. La portière ouverte, Albertine que Jeanne appelle Albert lui remet Zazie qui se réveille. Gros plan sur la petite fille qui conclut son voyage par cette phrase : « J'ai vieilli. »

Générique de fin. Succession des visages des acteurs. Final sur les voies de chemin de fer identiques à celles du générique du début mais parcourues cette fois en sens inverse.

Un épilogue réaliste ?

Plus logique que les autres séquences, cet épilogue apparaît plus réaliste. La parenthèse enchantée que constituait le séjour de Zazie à Paris prend fin avec l'arrêt de la grève du métro comme si le quotidien reprenait ses droits avec un retour à la normale. Seule demeure une interrogation : pourquoi Albertine devient-elle Albert ? Comme dans le roman de Raymond Queneau, la question reste ouverte.

DEUXIÈME PARTIE

Problématiques essentielles

1 | *Zazie dans le métro* dans la vie et l'œuvre de Raymond Queneau

Grande figure du milieu littéraire pour avoir été à la fois auteur, traducteur, éditeur et directeur de collection, Raymond Queneau se distingue par son œuvre variée. Inclassable, proche de toutes les avant-gardes, il est l'auteur de romans, drames, dialogues de cinéma, chansons et poèmes.

Cependant, en dépit d'une telle richesse de ton et de style, Queneau est longtemps demeuré inconnu du grand public. Il lui faut attendre la parution en 1959 de *Zazie dans le métro* pour connaître un foudroyant succès. Le roman apparaît comme l'aboutissement d'une œuvre oscillant entre érudition et culture populaire, liberté de ton et formalisme rigoureux, amour des langues anciennes et passion pour l'argot.

UN ENFANT DE LA LITTÉRATURE

Né le 21 février 1903 au Havre, Raymond Queneau est l'enfant unique de parents merciers comme il s'est souvent plu à le dire. Il se découvre un goût précoce pour l'écriture. Son enfance se place sous le signe d'une étonnante maturité, qui n'est pas sans rappeler l'esprit critique de Zazie.

Une vocation précoce

L'enfance de Queneau est marquée par un double traumatisme dont le jeune homme porte longtemps la trace et qui serait, selon lui, à l'origine de sa vocation littéraire. D'abord, il est placé jusqu'à l'âge de trois ans en nourrice et se sent abandonné de ses parents. Ensuite, il reçoit une éducation catholique à laquelle il ne croit pas, n'ayant pas la foi. Il se réfugie alors dans un amour immodéré des livres qui, dès l'âge de huit ans, le conduit à apprendre le grec ancien, l'arabe et l'hébreu. Il éprouve dès lors une fascination pour les langues qui transparaît notamment dans l'amour des « langues forestières » (p. 117) du personnage de Gabriel.

Parallèlement, dans sa solitude havraise où il a peu d'amis, l'adolescent commence très tôt à tenir son journal intime et à élaborer une œuvre où se mêlent roman, théâtre et poésie. Mais en 1918, il détruit l'ensemble de ses écrits et se consacre pleinement à son baccalauréat qu'il obtient en 1920. Il s'inscrit en philosophie à la Sorbonne, conduisant ses parents à déménager à Épinay-sur-Orge, banlieue qui fournira le décor de ses futurs romans.

Une formation entre culture littéraire et culture populaire

L'arrivée à Paris coïncide pour Queneau avec la double découverte décisive d'une culture littéraire et d'une culture populaire. Le jeune homme rencontre des auteurs contemporains comme Marcel Proust dont la lecture, dès 1920, l'enthousiasme. Il rencontre en 1924 le groupe des surréalistes emmené par André Breton dont il épousera la belle-sœur, Janine Kahn, et dont il aura un fils, Jean-Marie, en 1934.

Simultanément, entre 1925 et 1927, à l'occasion de son service militaire chez les zouaves en Algérie et pendant la guerre du Rif au Maroc à laquelle il participe, Queneau s'initie à la culture populaire. Au contact de ses camarades, il découvre l'argot dont il admire la richesse lexicale et l'inventivité syntaxique. La lecture en 1929 d'*Ulysse* de James Joyce (1882-1941), dont il aime le formalisme et l'art d'interroger le roman, achève de le décider d'entrer en littérature.

UNE ŒUVRE DOMINÉE
PAR LA MAGIE DE L'ENFANCE

Les années 1930 et 1940 consacrent Queneau à la fois comme écrivain prometteur et comme figure incontournable et respectée du milieu littéraire. Son œuvre originale et profondément nouvelle mêle poème et roman sans se préoccuper des distinctions génériques. Animé par un véritable esprit d'enfant qui guide aussi l'ensemble de ses personnages dont Zazie est le modèle par excellence, Queneau considère l'écriture comme un vaste terrain de jeux et d'expérimentations.

Écrire : un jeu d'enfant ?

1933 constitue une date clé dans la vie et l'œuvre de Raymond Queneau. Il fait paraître chez Gallimard son premier roman *Le Chiendent* qui remporte un succès critique immédiat, couronné par le premier prix des Deux-Magots. C'est le monde de l'enfance ludique qui s'y donne à lire : personnages fantasques et histoires peu vraisemblables se succèdent dans ce conte moderne et ironique écrit en argot. La carrière de Queneau est lancée.

Tandis qu'il devient lecteur puis secrétaire général des éditions Gallimard, Queneau fait paraître des romans essentiellement autobiographiques qui présentent une image plus grave de l'enfance, entre solitude et mélancolie : *Les Derniers Jours* (1936), *Odile* (1937) et *Les Enfants du limon* (1938).

Cependant, il faut attendre 1942 avec la parution de *Pierrot mon ami* pour que Raymond Queneau connaisse un véritable succès public.

Une œuvre au formalisme libérateur

Si *Pierrot mon ami* semble encore hanté par une certaine noirceur, la suite de l'œuvre de Queneau s'oriente progressivement vers une vision plus joyeuse et libératrice de l'enfance. Ainsi *Loin de Rueil* (1944) expose l'histoire de Jacques l'Aumône qui se débarrasse de ses rêveries d'enfance négatives avec humour pour se construire une nouvelle existence. *Exercices de style* (1947) raconte de quatre-vingt-dix-neuf façons différentes un incident insignifiant sur une ligne de bus. Queneau y expose un véritable art poétique qui, dès lors, ne le quittera plus : selon lui, le réel est étouffé par le langage et la littérature. Ainsi, l'écrivain aborde les événements les plus anodins avec l'œil de l'enfant qui veut mettre à distance le pessimisme destructeur des adultes grâce à de multiples exercices de style. La littérature partage avec l'enfance un pouvoir d'émerveillement et de création.

Cette force rieuse enfin trouvée irradie dans des romans comme *On est toujours trop bon avec les femmes* (écrit sous le pseudo-nyme de Sally Mara en 1948) et *Le Dimanche de la vie* (1951) ou encore des recueils de poèmes comme *Petite Cosmogonie porta-tive* (1950) et *Le Chien à la mandoline* (1958).

ZAZIE, ENFANT DE L'ŒUVRE DE QUENEAU

1959 est l'année du triomphe pour Queneau avec la sortie de *Zazie dans le métro,* roman qui s'est vendu à plus de cinquante mille exemplaires dès le premier mois de sa parution et qui de nos jours, toutes éditions confondues, avoisine le million de livres écoulés. Zazie devient un véritable phénomène de mode. Dès 1960, Louis Malle en propose une adaptation cinématographique que suit de près une adaptation théâtrale d'Olivier Hussenot. Mais si Zazie connaît une telle renommée, c'est que Queneau a réussi à en faire l'aboutissement de l'ensemble de son œuvre.

▌Une gestation longue et difficile

Pourtant, sous les dehors d'une œuvre simple et linéaire, la gestation de *Zazie dans le métro* a été longue, tortueuse et pénible pour Queneau. Il en écrit, en effet, les premières lignes dès 1945 mais en abandonne le projet. Il souhaite affirmer sa vision de l'enfance et faire de Zazie le témoin central de cette visite de Paris.

Après deux nouvelles tentatives avortées en 1949 et en 1953, il reprend progressivement et définitivement l'ensemble du texte en 1956 et décide de faire de Zazie le catalyseur de toutes ses préoccupations majeures. Ainsi, la petite fille interroge le langage, parle l'argot, joue avec les mots, dévoile une précocité qui ébranle les autres personnages. Dans une œuvre qui interroge les identités multiples, Queneau fait de Zazie son double féminin et enfantin.

▌De l'OuLiPo à la sagesse

Membre du collège de pataphysique d'Alfred Jarry à partir de 1950, juré du prix Goncourt dès 1951 et directeur de l'Encyclopédie de la Pléiade depuis 1954, Queneau connaît la consécration grâce à *Zazie dans le métro*.

En 1960, dans le sillage de ce roman, un colloque est organisé à Cerisy sur son œuvre, au terme duquel il fonde avec le mathématicien François Le Lionnais le célèbre OuLiPo (Ouvroir de Littérature Potentielle) où ludisme et mathématiques se mêlent dans la joie des écritures à contraintes. De cette inspiration naît son recueil *Cent mille milliards de poèmes* (1961) ainsi que ses deux derniers grands romans au succès populaire, *Les Fleurs bleues* (1965) et *Le Vol d'Icare* (1968) qui interrogent l'art romanesque.

Enfin, loin des angoisses premières de l'enfance, son œuvre s'achève dans l'apaisement avec un recueil de poèmes inspirés de la philosophie et de la sagesse chinoises, *Morale élémentaire* (1975).

Queneau s'éteint à Paris le 25 octobre 1976 au sommet d'une gloire qui ne se dément pas.

2 | Le personnage de Zazie

Espiègle, alerte et gouailleuse[1], Zazie est l'un des personnages les plus célèbres et les plus attachants de la littérature française du XXᵉ siècle. Modèle d'impertinence, la jeune héroïne de Queneau, qui s'amuse tout au long du roman à détourner les codes sociaux, langagiers et littéraires, est l'antithèse de la petite fille modèle. « Tu vois l'objet » (p. 14) lance Jeanne Lalochère, sa mère, à son frère Gabriel venu les accueillir à la gare, pour souligner le caractère exceptionnel et imprévisible de la petite provinciale de Saint-Montron qu'elle lui confie pendant deux jours. Deux jours dans la capitale où la « mouflette cambrousarde » (p. 203) va connaître de nombreuses tribulations qui vont révéler qu'elle est tout sauf une « ptite » (p. 46).

UNE PETITE FILLE À LA PRÉCOCITÉ SINGULIÈRE

« Qu'est-ce que tu veux, dit Charles, c'est la nouvelle génération » (p. 22) : tel est le constat que dresse l'ami de Gabriel après quelques échanges avec Zazie fraîchement arrivée. Car la petite fille se singularise d'emblée par une insolence rare. Fille unique et unique enfant du récit, la « môme » Zazie se distingue par une surprenante précocité. Queneau va interroger ici son identité de « petite fille » en jouant sur l'âge et sur le sexe de Zazie.

---

1. *Gouailleuse* : qui aime se moquer.

L'unique adulte du récit ?

Véritable paradoxe, Zazie est une enfant sans âge. Censée être une « gamine » comme ne cesse de le répéter son oncle, Zazie se comporte tout d'abord comme une adolescente. Dès le chapitre V, la petite fille fugue comme le ferait une adolescente en crise. Mais Zazie s'impose vite comme une adulte ainsi que le lui fait remarquer à nouveau Charles : « Tu as de drôles d'idées, tu sais, pour ton âge » (p. 111). Loin de la naïveté et de la candeur propres à l'enfance, la petite fille qui déclare être « formée » (p. 112) surprend par sa maturité. Totalement émancipée, elle parle librement de sexe, à la grande surprise des adultes, affichant dans ce domaine une grande précocité, comme lorsqu'elle fait passer Turandot pour un satyre et un agresseur sexuel lancé à ses trousses (voir chapitre III).

Par sa capacité à manipuler et à renverser les situations, elle démontre surtout combien elle est lucide et réfléchie car, à la différence des autres protagonistes, Zazie est dotée d'un véritable « esprit critique » (p. 40). Manifestant un recul et une intelligence certaine, elle est le seul personnage à commenter pour elle-même l'action et à donner libre cours à sa « petite voix intérieure » (p. 56). Plus adulte que les adultes, elle reste posée et raisonnable en toute situation face à la folie ambiante, notamment celle de la veuve Mouaque dont elle dit : « elle est complètement dingue » (p. 139). Zazie incarne la sagesse ainsi que l'atteste la dernière phrase du roman, lorsque s'adressant à sa mère venue la recueillir à la gare, elle déclare : « J'ai vieilli » (p. 240). La petite fille ne grandit pas car elle ne peut plus grandir, comme les adultes, elle ne peut désormais que vieillir.

Un garçon manqué

Si Zazie n'est plus vraiment une enfant, elle n'incarne pas pour autant la féminité. Jouant à nouveau de tous les codes de l'identité, Zazie exhibe des signes de virilité. Elle prend tout d'abord l'apparence d'un garçon. Se promenant aux Puces, la petite fille cherche un vêtement très masculin encore pour l'époque, des jeans qu'elle nomme des « bloudjinnzes » (p. 58). D'où cette remarque d'un personnage du roman : « Tiens, dit le conducteur, mais c'est la fille de Jeanne Lalochère. Je l'avais pas reconnue, déguisée en garçon » (p. 141).

La masculinité de Zazie s'exprime aussi « avec férocité » (p. 123) à travers une rage permanente envers les hommes. Elle accumule les images violentes à l'encontre de Pédro-surplus qu'elle accuse d'être un satyre (p. 123), déclarant qu' « il sera condamné à mort et guillotiné et moi j'irai chercher sa tête dans le panier de son et je lui cracherai sur sa sale gueule, na » (p. 84). Enfin, le prénom même de Zazie, s'il évoque la folie et la mode des Zazous, renvoie surtout dans l'esprit de Queneau à l'attribut mâle familièrement qualifié par les enfants de « zizi ».

UNE HÉROÏNE DU LANGAGE

Queneau dote également son jeune personnage de traits de langage singuliers comme autant de traits de caractère. Zazie parle une langue qui n'appartient qu'à elle, une langue neuve et originale qui la distingue de tous les autres personnages. C'est ce que remarque immédiatement Turandot, le logeur de Gabriel, qui ne veut pas dans sa maison « d'une petite salope qui dise des cochoncetés comme ça » (p. 27). Résolument « à la page » (p. 21), Zazie s'impose comme une héroïne du langage.

Un langage très familier

Vecteur de son impertinence, la parole de Zazie se caractérise par le recours systématique au registre du langage familier. Les gros mots se succèdent dans la bouche de la petite fille. Défiant les codes élémentaires de la politesse et de la correction de la langue, Zazie cultive une mauvaise éducation en étant vulgaire et mal élevée comme le constate, effarée, la veuve Mouaque dès leur première rencontre déplorant : « elle est d'une grossièreté » (p.126).

« Mon cul », expression du langage familier et grossier, ponctue souvent ses propos et clôt nombre de ses interventions (voir pp. 17, 126, 162 notamment). On notera son ironique : « Politesse mon cul » (p. 167). Cependant, loin de susciter la réprobation unanime des adultes, la manière de parler de Zazie leur procure une joie communicative : « Ca me fait marer, dit Charles d'un air sinistre. C'est comme ça qu'elle cause, la mouflette » (p. 26).

À ce recours systématique sinon hyperbolique à cette formule grossière vient s'ajouter de nombreux termes populaires et argotiques détonnant dans la bouche d'une enfant. Ainsi de cette description par Zazie de son père ivre et incestueux : « Comme il était rétamé, il se fout la gueule par terre. Isrelève. Ircommence à me courser, enfin bref, une vraie corrida » (p. 69-70). Dans cet usage massif du registre familier, Zazie manifeste un surprenant franc-parler qui passe le plus souvent par des bordées d'insultes ; la petite fille multiplie comme aucun autre personnage les invectives : « Ah les salauds, s'écrie Zazie, ah les vaches » (p. 15), ou encore : « moi je peux te répondre que tu n'es qu'un vieux con » (p. 21).

Un sens avisé de la répartie

Zazie maîtrise le langage comme personne. Celle dont chacun s'étonne de l'esprit possède un sens rare de la répartie. Elle a réponse à tout et a toujours le dernier mot, décochant un bon mot qu'elle emprunte souvent aux « Mémoires du Général Vermot[1] » (p. 16). C'est le cas notamment lorsqu'elle fait subir à Pédro-surplus un véritable interrogatoire :

> « Vous vous intéressez au sport, vous ?
> – Oui. Au catch.
> Considérant le gabarit médiocre du bonhomme, Zazie ricane.
> – Dans la catégorie spectateurs, qu'elle dit. » (p. 66)

---

1. Queneau s'amuse ici à parodier l'Almanach Vermot. Publié tous les ans depuis 1886 à l'initiative de Joseph Vermot, cet almanach contient des jeux de mots et des calembours dont Queneau s'inspire et qui constitue un modèle pour Zazie.

Ses phrases n'appellent jamais aucune réponse et sont délibérément construites pour fermer tout dialogue comme lorsque Pédro-surplus l'emmène à la Foire aux Puces et que, désamorçant ses futures avances, elle lui dit : « Je vous vois venir avec vos pataugas » (p. 59) ou encore lorsqu'observant son comportement au restaurant, le narrateur souligne : « Zazie, goûtant au mets, déclara tout net que c'était de la merde » (p. 167).

Zazie ne procède que par série de phrases affirmatives qui énoncent crûment et sans détour ses désirs. Au restaurant notamment, elle lance autant d'ordres que d'impératifs : « Jveux ottchose » (p. 168) ou « C'est hun cacocalo que jveux et pas autt chose » (p. 23) Face à ses remarques incessantes, les personnages observent le plus souvent le silence car Zazie parle sans discontinuer, n'hésitant pas à dire ce qu'elle pense : « Vous m'empêcherez tout de même pas de dire, dit Zazie, que c' (geste) est dégueulasse » (p. 167), comme pour affirmer qu'on ne peut guère la faire taire.

UNE ENFANT DE LA LITTÉRATURE ET DE LA RÉVOLUTION

Si Zazie témoigne d'une telle maîtrise du langage, c'est qu'elle s'impose comme l'enfant de la littérature et de la révolution. Fille de toutes les lectures passionnées de Queneau, Zazie est une figure marquante de l'enfance qui apparaît une version féminine de Gavroche. Mais Zazie est aussi la synthèse poétique et politique d'une soif de liberté propre à la littérature car, comme dirait Gabriel, « Les enfants, suffit de les comprendre » (p. 23) et les comprendre, c'est admettre leur puissance poétique.

Un Gavroche au féminin

Pour Queneau, Zazie s'inscrit dans une généalogie littéraire dans la mesure où il en fait la descendante et la fille naturelle de Gavroche, l'enfant héros de Victor Hugo (1802-1885). Personnage clé des *Misérables* (1862), le petit garçon est un modèle de gouaillerie, de liberté et de l'impertinence parisienne. Zazie s'affirme ainsi comme le double féminin inversé de ce « gamin » dont Queneau se plaît à livrer les mêmes traits pour mieux les inverser. À la différence du fils des époux Thénardier, Zazie est une petite fille, elle ne vit pas à Paris mais visite la ville qu'elle explore alors que Gavroche la connaît par cœur.

Cependant, elle conserve du petit garçon sa puissance de parole et, par-dessus tout, sa force révolutionnaire, qui entraîne le protagoniste masculin à accompagner les soubresauts de 1830. Ici comme chez Hugo, Zazie est une fille de la révolution, celle qui jette chacun dans des combats et qui fait renaître un esprit insurrectionnel. Ainsi, c'est elle qui pousse tous les personnages à l'affrontement final contre « la meute limonadière » (p. 228). Zazie apparaît comme une meneuse :

> « s'emparant d'une carafe la jeta au hasard dans la mêlée. Tant l'esprit militaire est grand chez les filles de France. Suivant cet exemple, la veuve Mouaque dissémina des cendriers autour d'elle. Tant l'esprit d'imitation peut faire faire des choses aux moins douées. » (p. 228)

Queneau s'amuse ici à donner à son personnage des allures de Jeanne d'Arc. Mais il fait aussi allusion à sa capacité à bouleverser les codes de Paris comme si elle était l'héritière des Communards.

Une enfant politique et poétique

La puissance politique de Zazie devient finalement sa force majeure, celle qui la conduit au refus obstiné de toute autorité et de toutes les figures qui l'incarnent. C'est pourquoi sa contestation violente de l'ordre la conduit à se moquer de la police et de ses représentants dont elle ne craint pas la puissance : « C'est pas parce que c'est un flic qu'i faut avoir peur » (p. 84). L'ordre est pour elle un perpétuel sujet de raillerie ; ainsi incite-t-elle à la rébellion face aux policiers en patrouille, les deux « hanvélos » qu'elle insulte et qui, pris au dépourvu, finissent par déclarer : « Voilà une moufflette qui se fout de nous » (p. 220).

Ainsi, la petite fille de Saint-Moutron arrive dans ce monde d'adultes pour le libérer symboliquement et pour montrer combien la vie peut être un jeu, retrouvant là l'esprit poétique surréaliste cher à André Breton. Au-delà de Gavroche, Zazie est sans doute aussi l'héritière de Nadja qui voulait mettre du rêve dans la vie. Comme si, dix ans avant les soubresauts de mai 1968, Zazie s'affirmait comme une enfant politique qui rêvait secrètement d'une autre société.

3 | Le personnage de Gabriel

L'histoire de *Zazie dans le métro* est aussi celle de Gabriel, oncle de Zazie à qui la jeune enfant est confiée l'espace de quelques jours pour lui faire visiter la capitale. Frère de Jeanne Lalochère, âgé de « trente-deux » ans (p. 109), Gabriel est marié à Marceline. Tous deux accueillent leur nièce dans l'appartement qu'ils occupent au-dessus de La Cave, le bar de Turandot. Cependant, le personnage de Gabriel, loin d'être univoque, se révèle vite une somme de contradictions : colosse impressionnant, il est artiste mais aussi très féminin. Objet d'interrogations de la part de Zazie, serait-il un « hormosessuel » ? Mais ne serait-il pas un guide qui, à la manière de l'archange Gabriel, mènerait tous les protagonistes vers un destin poétique ?

UN ONCLE, COLOSSE ET ARTISTE

« Il danse, cet éléphant ? » (p. 161), demande interloquée la veuve Mouaque à Zazie à propos de Gabriel, résumant à travers cette question l'être composite et contradictoire qu'est Gabriel. De fait, l'oncle de Zazie avec ses allures de colosse et sa profession qui le range du côté des « artisses » (p. 157) conjugue les contradictions. De ce contraste naît un comique qui détermine l'ensemble des actions du personnage.

Un homme à la force hors du commun

L'ensemble du récit de *Zazie dans le métro* présente avec constance Gabriel comme un personnage à la force hors du commun et à la stature imposante. À la différence de Zazie, dont la force de caractère s'exprime par le langage et à travers ses réparties, Gabriel est présenté d'emblée comme un colosse. Son allure gigantesque est son atout premier dépeint dès l'incipit, de manière métaphorique, comme un « gorille », « un malabar », « le costaud » ou encore « l'armoire à glace » (pp. 12-13). Le gabarit de Gabriel est si massif qu'il est le seul personnage du roman dont le corps fait l'objet de descriptions parce que, comme le souligne Marceline usant d'un euphémisme : « Gabriel, t'es un peu visible » (p. 237). Or un tel physique implique une force que le personnage mobilise lors d'affrontements répétés. Sa puissance herculéenne défie toute vraisemblance, comme l'illustre le récit de la bagarre finale Aux Nyctalopes où

> « Tel le coléoptère attaqué par une colonne myrmidonne, tel le bœuf assailli par un banc hirudinaire, Gabriel se secouait, s'ébrouait, s'ébattait, projetant dans des directions variées des projectiles humains qui s'en allaient briser tables et chaises ou rouler entre les pieds nus des clients. » (p. 228)

Cependant, l'usage de cette force est contrasté : dans une ironie dont Queneau a le secret, Gabriel hésite toujours à y avoir recours. Ainsi, si Zazie est confiée à son oncle parce qu'« il paraît qu'avec lui, je n'ai rien à craindre » (p. 71) comme elle le souligne, force est de constater que Gabriel n'use que rarement de la violence sauf quand sa nièce l'autorise à se débarrasser de l'inconnu qui la poursuit jusque chez elle : « Fous-le donc à la porte » (p. 84) ordonne-t-elle à son oncle.

Étranger à toute haine, Gabriel est l'un des personnages les plus apaisés et les plus pacifiques du récit. Il est l'homme de la mesure qui garde son sang-froid en toutes circonstances comme lorsqu'il tente de calmer sa nièce enragée : « Faut te faire une raison, dit Gabriel dont les propos se nuançaient parfois d'un thomisme[1] légèrement kantien » (p. 16).

---

1. Référence à Saint Thomas qui ne croit que ce qu'il voit comme il se plaisait à le répéter.

Un homme à la sensibilité ambiguë

Si Gabriel se révèle le plus souvent étonnamment modéré, c'est que le mari de la « douce Marceline » (p. 115) se revendique, à la surprise générale, un artiste, déclarant sans détour à Pédro-surplus venu l'interroger :

> « Pas d'histoires. Profession ?
> – Artiste.
> – Vous ? un artiste ? La petite m'a dit que vous étiez veilleur de nuit. » (p. 79)

Volontiers fantasque et faisant fi de toute vraisemblance, Gabriel se révèle un véritable poète dans ses trois monologues qui dévoilent sa maîtrise du verbe :

> « Monter, descendre, aller, venir, tant fait l'homme qu'à la fin il disparaît. Un taxi l'emmène, un métro l'emporte, la tour n'y prend garde, ni le Panthéon. Paris n'est qu'un songe, Gabriel n'est qu'un rêve (charmant) » (p. 115).

Gabriel séduit par son verbe la horde de touristes qu'il rencontre, impressionnés par son « coup de génie » (p. 157).

Queneau s'amuse ainsi à exalter la fibre artistique et poétique de son personnage afin d'en tirer une force comique inattendue dont il accentue encore un peu plus la portée en parant Gabriel des signes d'une virilité ambiguë en totale contradiction avec sa force physique. Ainsi le colosse se parfume-t-il énormément avec « Barbouze, un parfum de chez Fior » (p. 12), et se dote d'« une pochette de soie couleur mauve » (p. 11), autre coquetterie peu virile. Car c'est la masculinité de Gabriel qui à terme se voit contestée ; le narrateur relève que l'homme ne se rase pas mais préfère s'« épiler » (p. 51).

Progressivement, le doute s'installe sur l'identité sexuelle de Gabriel qui, sur le point de sortir, se fait rappeler par Marceline qu'il oublie son « rouge à lèvres » (p. 38) et qui, de son propre aveu n'est pas un artiste comme les autres, mais une « danseuse de charme » (p. 79). La question qui se pose dès lors est de savoir qui est réellement Gabriel.

GABRIEL, DOUBLE INVERSÉ DE ZAZIE ?

Plus le lecteur avance dans l'intrigue, plus Gabriel devient un personnage dont il découvre une personnalité autre. Poursuivant son interrogation sur la fragilité des identités, Queneau installe avec Gabriel un personnage qui suscite de nombreuses questions : est-il un homme ou une femme ? Est-il Gabriel ou, comme l'appelle Fédor Balanovitch, la sulfureuse « Gabriella » (p. 125), créature de la nuit ? De fait, Gabriel semble partager avec sa nièce la particularité d'être un garçon manqué.

▍Un « hormosessuel »

Tout colosse qu'il est, Gabriel cultive sa part de féminité en en exhibant les signes alors que Zazie se comporte comme un véritable garçon. Outre le fait d'avoir comme une femme « la peau douce » (p. 32) ou de comprendre des allusions sexuelles « en rougissant » (p. 85), Gabriel devient Gabriella la nuit pour un numéro de danseuse où, « en tutu » (p. 161), l'oncle exécute un numéro sur *La Mort du Cygne* dans son cabaret de nuit, Le Mont-de-Piété. Mais amateur de jeux de mots, Queneau cherche surtout à suggérer que Gabriel provoque la mort des signes qu'il se plaît à brouiller, comme lorsqu'il déclare devant Pédro-surplus : « D'accord, je fais mon numéro habillé en femme dans une boîte de tantes mais ça veut rien dire » (p. 81).

Aux yeux de Pédro-surplus, Gabriel est un « hormosessuel » (p. 83). Il ne fait pas de doute pour lui que « le tonton est une tata » (p. 99), aussi parle-t-il de lui au féminin le qualifiant de « séductrice » (p. 100). Gabriel se voit qualifié de « pédale » (p. 110) ou encore de « tapettes » (p. 181). Et c'est précisément cette part de la personnalité de son oncle qui échappe à Zazie, elle qui ne sait pas pourquoi les uns et les autres disent de lui qu'il est « hormosessuel ». Aussi pose-t-elle la question à Charles (p. 110) puis à la veuve Mouaque : « Qu'est-ce que c'est au juste qu'une tante ? lui demanda familièrement Zazie en vieille copine. Une pédale ? une lope ? un pédé ?

un hormosessuel ? Y a des nuances ? » (p. 165). Mais la réponse ne vient jamais car, en effet, il y a des nuances.

Ce n'est pas un hasard si, dans le récit, Gabriel n'est jamais qualifié d'homosexuel mais toujours, de manière ludique, de ce terme retranscrit phonétiquement d'« hormosessuel ». Le mot recouvre un sens plus large qu'« homosexuel » : Gabriel évolue dans le même flou et la même indécision que ce terme. Queneau interroge l'identité à travers « l'hormosessualité » sans classer les gens et sans donner de réponse définitive.

La véritable petite fille du roman ?

Si ce « colosse habillé en Sévillane » (p. 101) porte les signes de la féminité, il n'est pas pour autant assimilable à un homme habillé en femme ou à une femme habillée en homme ni même à un homosexuel. Gabriel s'impose plutôt comme un double inversé de sa nièce et, contrairement à elle, il est la véritable petite fille du roman. Tout ce qui paraît renvoyer à ses allures de femme comme le fait de parler « avec calme » (p. 30) ou comme le raffinement de son parfum et de sa pochette de soie mauve ne révèlent en réalité que ses manières d'enfant. À commencer par son goût immodéré pour la grenadine, boisson pour enfant, qu'il ne cesse de boire : « Il s'installe, se verse un grand verre de grenadine qu'il tempère d'un peu d'eau et commence à se faire les mains » (p. 32).

Gabriel a des réactions puériles telles son habitude de tout répéter sans toujours savoir le sens de ce qu'il répète : « Ce que tu peux être lourd, toi alors, dit Charles. Tu ne vois donc pas que Gabriel répète n'importe quelle connerie sans la comprendre, suffit qu'il l'ait entendue une fois » (p. 90). Poursuivant son dialogue avec Charles, Gabriel donne malgré lui un avis :

> « Réponds-moi, est-ce que tu parlais comme ça quand t'étais gosse ?
> – Non, répond Gabriel, mais j'étais pas une petite fille. » (pp. 27-28)

En ce sens, « l'hormosessualité » de Gabriel serait sa capacité à toujours demeurer un enfant et à ne pas grandir.

Cependant, une telle hésitation sexuelle pointe véritable nature que Queneau donne à Gabriel : il est l'archange du récit. Gabriel a pour modèle, tout au long du récit, l'archange de la Bible dont il tire son prénom. À nouveau ici, Queneau s'amuse à multiplier les références à l'archange pour suggérer, *in fine*, une leçon morale par le biais du personnage de Gabriel.

▌ L'ange gardien de Zazie

Pour Queneau, l'ambiguïté sexuelle de Gabriel renvoie à l'indétermination du sexe des anges. Car Gabriel est l'ange gardien du récit. Avec lui, Zazie, qui a failli être violée par son père et qui craint les satyres, n'a rien à craindre. Oscillant entre le masculin et le féminin, le personnage de Gabriel écarte toute possibilité d'agression sexuelle, ce que Jeanne Lalochère, sa sœur, souligne d'emblée :

> « Je peux te faire confiance ? Tu comprends, je ne veux pas qu'elle se fasse violer par toute la famille.
> — Mais, manman, tu sais bien que tu étais arrivée au bon moment, la dernière fois.
> — En tout cas, dit Jeanne Lalochère, je ne veux pas que ça recommence.
> — Tu peux être tranquille, dit Gabriel. » (p. 14)

Ici comme dans la Bible, Zazie est en sécurité. En effet, Gabriel, par son prénom hébreu, signifie « la force de Dieu » et prend les traits d'un homme robuste. C'est de cette référence au personnage de la Bible que Gabriel tire encore l'essentiel des actions qu'il accomplit dans le roman : guide des uns et des autres dans la quête de Dieu, Gabriel est chez Queneau un « archiguide » (p. 121, p. 131) qui parodie le chemin vers la croyance au moyen d'une visite guidée absurde et grotesque qui ne parvient pas à trouver la Sainte-Chapelle, haut lieu de croyance, mais qui débouche ironiquement sur le tribunal de commerce.

Cet archange, devenu « archiguide », parvient à guider cependant les personnages dans le monde de la nuit et jusqu'à son cabaret où, littéralement, il mène la danse. C'est pourquoi, toujours avec ironie, Queneau le dote d'ailes d'ange parodiques : « Et, se levant d'un bond avec une souplesse aussi singulière qu'inattendue, le colosse fit quelques entrechats en agitant ses mains derrière ses omoplates pour simuler le vol du papillon » (p. 195). Mais Gabriel hérite surtout d'une parole biblique.

Un poète et un prophète

À l'instar de l'archange, le Gabriel de Queneau possède une parole annonciatrice. Si dans la Bible, l'ange Gabriel révèle à la Vierge Marie qu'elle va attendre le Christ, Queneau joue à nouveau de cette filiation en donnant la possibilité à son personnage de s'exprimer dans de longs monologues. Ici comme là, il se fait le messager de Dieu car il est le seul personnage à évoquer la figure du romancier (p. 115). Il parle aux autres personnages comme à des fidèles religieux, en les dotant d'un surnom : « Alors, mes agneaux et vous mes brebis mesdames » (p. 193).

Dans ce même élan, il confie sa puissance biblique dont il livre l'explicite référence en réécrivant de manière absurde la Genèse, affirmant qu'il fait partie des « esploités de ce monde dont je suis et dont le premier se prénomme Adam que les Elohim tyrannisèrent comme chacun sait » (p. 194). Égrenant ces « billevesées, bagatelles et bibleries de mes deux » (p. 194), Gabriel devient le prophète d'un monde poétique où tous les rapports sont inversés, où l'identité se perd avec bonheur et sans angoisse comme s'il annonçait une révolution des mœurs.

En définitive, Gabriel serait alors de son propre aveu cet homme « édénique et adamiaque » (p. 194) qui entre dans un combat symbolique avec le diable sous les traits de Trouscaillon (et ses nombreuses incarnations), jeté par la fenêtre comme on chute du Paradis (p. 86). De ce combat allégorique naît le vœu de Queneau de faire surgir un nouveau royaume dont l'enfant, tel Zazie, serait roi.

4 | La troupe des personnages secondaires

« C'est une vraie ménagerie ici » (p. 36), s'écrie Zazie devant la masse d'individus burlesques qui constitue l'entourage de son oncle. Autour de Gabriel évolue en effet une véritable troupe de personnages secondaires hauts en couleur qui, de manière théâtrale, rythment par leurs allées et venues le récit. Mais alors que la confusion semble naître de leurs différentes apparitions et réapparitions, Queneau s'amuse à les assembler en couple.

À l'exception de Gridoux le cordonnier, figure solitaire pleine de sagesse, et de Jeanne Lalochère, la mère de Zazie, venue à Paris dans le seul but de retrouver son amant, tous vont par deux, en variations de couples : le couple réaliste formé par Mado Ptits-Pieds et Charles auquel répond le couple fantasque[1] formé par la veuve Mouaque et Trouscaillon, et enfin les couples parodiques que sont Turandot et Laverdure, et celui plus surprenant encore formé par l'énigmatique Marceline.

UN COUPLE RÉALISTE ET CHARNEL : MADO PTITS-PIEDS ET CHARLES

« Meussieu Charles, qu'elle dit, vsêtes un mélancolique » (p. 26) : c'est par cette remarque que Mado Ptits-Pieds accueille Charles dès le chapitre II. D'emblée, la serveuse de La Cave, le bar de Turandot, entretient un lien étroit et amoureux avec

---

1. *Fantasque* : bizarre, fantaisiste et changeant.

Charles, l'ami de Gabriel chauffeur de taxi, qui va se conclure par un mariage. Car pour Queneau, ces deux personnages incarnent ensemble la dimension réaliste du récit.

▌Le couple du « conjungo »

Si Mado Ptits-Pieds accepte avec joie la demande en mariage de Charles et son souhait de vivre avec lui le « conjungo » (p. 174), les deux personnages semblent pourtant de caractères opposés. Charles est, de l'aveu de la jeune femme, « trop romantique » (p. 96) ainsi que le suggère la première description faite de lui : « Charles effectivement attendait en lisant dans une feuille hebdomadaire la chronique des cœurs saignants. Il cherchait, et ça faisait des années qu'il cherchait, une entrelardée à laquelle il puisse faire don des quarante-cinq cerises de son printemps » (p. 16).

Charles attend le grand amour mais, méfiant, il craint que l'escroquerie n'emporte sa passion : « il les trouvait toujours soit trop dindes, soit trop tartes. Perfides ou sournoises. Il flairait la paille dans les poutrelles des lamentations et découvrait la vache en puissance dans la poupée la plus meurtrie » (p. 16). L'homme se présente comme l'éternel célibataire épris d'un idéal impossible dont Zazie pointe perfidement le point faible : « Les femmes ça vous fait peur, hein ? » (p. 113).

C'est au contraire le pragmatisme qui caractérise Mado Ptits-Pieds rarement désignée par son prénom, Madeleine. La jeune femme, jamais décrite, mais que Marceline juge « ravissante » (p. 182) évalue Charles selon des critères strictement réalistes : « Pas trop vieux. Pas trop jeune. Bonne santé. Costaud. Sûrement des éconocroques. Il a tout pour lui, Charles » (p. 96). Toutefois, la jeune femme n'apparaît dans le récit que pour parler de Charles et n'existe qu'en fonction de lui, avouant même entretenir déjà une liaison avec le taximane (p. 97).

▋Un contrepoint aux autres couples

Poursuivant la logique réaliste qui anime leurs échanges, Mado Ptits-Pieds et Charles finissent au chapitre XII par officialiser leur relation par une demande en mariage en bonne et due forme puisque « Charles, lui, il me parle marida » (p. 174). Mais cette demande est perturbée par un appel inopiné de Gabriel qui permet à Queneau de souligner combien le couple de Mado et de Charles s'impose comme un contrepoint au couple fantasque formé par Gabriel et Marceline. Ils en sont l'antithèse et Mado Ptits-Pieds est tout le contraire de Marceline.

Alors que Marceline accomplit tout « doucement » et n'a pas de corps, la promise de Charles est avant tout une femme charnelle avec qui « on tire un coup » (p. 97) et qui, à l'image de la Marie-Madeleine, la prostituée de la Bible, n'est pas vierge : « Pour le virginal, vous rpsasserez, dit Madeleine » (p. 181).

À la différence de tous les autres personnages, Mado Ptits-Pieds et Charles n'accomplissent aucune action invraisemblable ni ne tiennent de propos absurdes ; ils sont avant tout raisonnables et mesurés. Aucune extravagance ne détermine leurs actions. Ainsi la demande en mariage est-elle suivie d'une fête célébrant leurs fiançailles au cabaret de Gabriel.

Tout se déroule logiquement comme dans un roman réaliste auquel Queneau rend incidemment hommage ici puisque Charles tient son prénom de Charles Bovary, personnage de *Madame Bovary* de Flaubert. Au chapitre XV, juste après la fête, les deux fiancés disparaissent définitivement. Ils ne seront pas présents lors de la bagarre générale finale Aux Nyctalopes, « Le taxi est déjà loin » (p. 215). Totalement invraisemblable, la scène finale contre les serveurs ne leur correspond pas. Ils sortent du roman devenu fantaisie pure. Leur union est scellée.

UN COUPLE FANTASQUE
ET FLEUR BLEUE :
LA VEUVE MOUAQUE ET TROUSCAILLON

À ce premier couple répond le couple fantasque formé par la veuve Mouaque et Trouscaillon. Vivant une véritable romance, les deux personnages incarnent le versant romantique et grotesque de la passion. « Bonnes fleurs bleues[1] » (p. 165) leur souhaite ainsi ironiquement Zazie.

▌Un couple à l'identité fluctuante

Le roman présente tout d'abord le personnage de Trouscaillon. Cependant, en raison de sa perpétuelle hésitation identitaire, l'homme ne se reconnaît pas dans ce patronyme. Solitaire, énigmatique et étrange, il surgit comme par magie au chapitre IV pour réconforter Zazie à la manière d'un « satyre » (p. 56). Or, aux yeux de la fillette, c'est le parfait inconnu dont il faut se méfier et le déguisement qu'il porte n'arrange rien au malaise qu'il suscite : « Zazie se tourna vers le type. Elle n'en put croire ses yeux. Il était affublé de grosses bacchantes noires, d'un melon, d'un pébroque et de larges tatanes » (p. 56).

Cet homme qui ressemble à « un acteur en vadrouille » (p. 56) est instable, change sans cesse de nom et d'apparence tel un comédien. Il se fait appeler successivement Pédro-surplus, prétendument vendeur aux Puces (p. 76), Trouscaillon le « flic-mane » (p. 135), « l'inspecteur Bertin Poirée » (p. 200) ou le chef militaire Aroun Arachide (p. 235). Autant d'identités qui pointent un malaise existentiel que l'homme, désorienté, confie au cordonnier Gridoux : « C'est moi, moi, que j'ai perdu » (p. 102). L'homme ne sait pas qui il est véritablement, comme l'atteste cet échange entre le cordonnier et Mado Ptits-Pieds à son sujet :

> « Quelle gueule il fait maintenant ?
> – Aucune. » (p. 95)

---

1. L'expression « Fleur bleue » reprend le titre d'un roman de Queneau. « Être fleur bleue » signifie être sentimental de manière un peu naïve et romanesque.

Cependant, au cours de ses apparitions et disparitions, où chacun croit « l'avoir vu quelque part » (p. 134), Trouscaillon rencontre sur son chemin une femme dont il s'éprend : la veuve Mouaque qui devient sa promise parce qu'elle est son double parfait. Qualifiée de « complètement dingue » (p. 139) par Zazie, cette veuve dite aussi « la bourgeoise » (p. 127) se prend d'une passion inconsidérée et invraisemblable pour l'agent de police :

> « Mais la veuve avait brusquement reporté son admiration sur le flic.
> – Montrez-nous vos talents, qu'elle lui dit en accompagnant ces mots d'une œillade aphrodisiaque et vulcanisante. Un bel agent de police comme vous, ça doit en connaître des trucs. Dans la limite de la légalité, bien sûr. » (p. 134)

Et si la veuve Mouaque, baronne de son état, possède des manières aristocratiques qui contrastent avec le caractère populaire de Zazie, force est de reconnaître qu'elle ne peut que correspondre à Trouscaillon : comme lui, elle n'a pas de personnalité. Elle n'est qu'un néant existentiel comme le souligne Zazie : « Elle ? c'est rien » (p. 132). Elle suit Trouscaillon car comme lui elle est perdue et sans identité qui la distingue parmi les autres et le reconnaît en ces termes : « je m'appelle madame Mouaque. Comme tout le monde, qu'elle ajouta » (p. 135).

Un couple donjuanesque

Ces deux personnages sans grande épaisseur psychologique finissent par entamer une romance. Leurs différents échanges donnent alors lieu à des scènes qui relèvent de la parodie du roman d'amour : « Alors ils se regardèrent et sourirent : leurs deux cœurs avaient parlé. Ils restèrent face à face en se demandant qu'est-ce qu'ils pourraient bien se dire et en quel langage l'esprimer » (p. 159).

À la différence de Mado Ptits-Pieds et de Charles, le « fligolo » (p. 164) et la veuve ne vivent pourtant pas une union placée sous le signe d'un probable mariage. Jamais ils n'ont de relations sexuelles ni ne s'embrassent. Ils s'engagent dans une relation platonique qui est une apparence d'amour et accumulent des identités d'apparence et d'emprunt. Naïfs, romantiques et sentimentaux, ils sont fleurs bleues et se livrent à un flirt âprement commenté par Gabriel et Zazie :

> « Elle est drôlement collante, la rombière.
> – Elle a un fleurte terrible avec le flicmane qu'est venu te causer quand on s'est ramenés au bistro. » (p. 165)

Mais les deux personnages sont-ils pour autant en couple au terme de leurs chassés-croisés ? Rien n'est moins sûr. Trouscaillon comme la veuve Mouaque changent constamment d'identité : ils constituent un couple donjuanesque où chacun cherche à séduire tous les nouveaux venus. Ainsi, à l'instar de Dom Juan, séducteur qui change de personnalité en fonction de la femme à séduire, Trouscaillon change d'apparence chaque fois qu'il entend faire tomber sous ses charmes une femme différente. C'est sa passion de la séduction qui le rend multiple et insaisissable.

Pour Zazie, il était Pédro-surplus. Pour Gridoux, il n'est personne parce qu'il ne veut pas le séduire. Pour la veuve Mouaque, il est Trouscaillon. Pour impressionner Marceline, il est Bertin Poirée. Aussi reconnaît-il lui-même combien il est changeant : « Moi, qu'il dit comme ça, je suis un volage » (p. 203). À ce donjuanisme de Trouscaillon répond en miroir la nymphomanie de la veuve Mouaque qui s'éprend du premier venu, oubliant à la première occasion son promis.

À l'image de leur union dépourvue de sens, leur comportement est dépourvu de toute vraisemblance. Après avoir démasqué et pleuré Trouscaillon pour son caractère de satyre, la veuve Mouaque meurt de manière absurde et invraisemblable dans la bataille finale, assassinée sur ordre de son promis devenu Aroun Arachide, chef militaire, « Prince de ce monde et de plusieurs territoires connexes » (p. 235). Loin de tout tragique, le couple se défait dans une nouvelle variation qui souligne que la parodie du couple est au cœur des préoccupations de Queneau.

DES COUPLES PARODIQUES : TURANDOT ET LAVERDURE, MARCELINE ET MARCEL

Au-delà de la paire formée par la veuve Mouaque et Trouscaillon, Queneau joue une ultime variation parodique sur la figure du couple. Dans *Zazie dans le métro,* même les célibataires sont en couple et tous les couples ne sont pas faits d'épouses modèles.

Un couple de causeurs : Turandot et Laverdure

Logeur de Gabriel et propriétaire de La Cave « au zinc en bois depuis l'Occupation » (p. 25), Turandot est un des rares hommes du roman à n'être en quête d'aucune femme. Célibataire endurci, il est même plutôt dans un rejet de la sexualité qu'incarne notamment pour lui Zazie qu'il fustige ainsi : « En deux trois jours, elle aura eu le temps de mettre la main dans la braguette de tous les vieux gâteux qui m'honorent de leur clientèle. Je veux pas d'histoire, tu entends, je veux pas d'histoire » (p. 27). C'est pourquoi à nouveau ironiquement Queneau le jette dans une situation inextricable qui provoque un quiproquo : alors qu'il voulait ramener Zazie en fugue à son oncle il est pris à tort pour un satyre (p. 45) et avoue n'avoir « jamais eu une telle trouille de ma vie. Même pendant les bombardements » (p. 47).

Volontiers querelleur et loin de chercher l'union, il entre en conflit avec toutes les femmes à l'exception de son employée, Mado. C'est lui qui, dans la scène finale, en vient à déclencher une bagarre générale suite à une dispute avec la veuve Mouaque (pp. 226-227).

Mais Turandot n'est pas pour autant aussi célibataire qu'il y paraît. Il est toujours accompagné de son fidèle perroquet Laverdure avec lequel il forme un couple inséparable. L'oiseau ne cesse d'intervenir dans toutes les conversations de son maître pour, presque invariablement, répéter la même phrase : « Tu causes, dit Laverdure, tu causes, c'est tout ce que tu sais faire » (p. 27). Mais l'omniprésence de ce perroquet souligne un peu plus le célibat de

Turandot et renvoie, comme dans un hommage, à Loulou le perroquet de Félicité, l'héroïne solitaire d'« Un cœur simple » des *Trois Contes* de Flaubert.

La parodie de l'épouse modèle : Marceline

Comme un ultime paradoxe, le seul couple établi, constitué par Gabriel et la « douce Marceline » (p. 115), paraît de loin le couple le plus parodique et le plus surprenant. Le roman les présente tout d'abord comme un couple modèle. Tous les clichés de la vie conjugale sont présents. Dès le chapitre II, Marceline, aisément reconnaissable à ce qu'elle parle ou accomplit tout toujours « doucement » (p. 28), sert la soupe et prépare le dîner en épouse modèle et prévenante. Comme le déclare Gabriel à Pédro-surplus s'enquérant de sa profession, Marceline est « ménagère » (p. 86). Cultivée, elle est le seul personnage à maîtriser le dictionnaire et à lire des romans policiers (p. 200).

Cette femme au foyer s'impose également comme la femme la plus attirante du roman puisque par deux fois elle est l'objet de scènes de séduction. Ainsi au chapitre XIII avec Madeleine qui, dans une scène ambiguë, lui avoue qu'elle la « trouve si belle » (p. 182) et ne cesse de la complimenter, ou encore au chapitre XV quand Trouscaillon devenu Bertin Poirée lui fait une déclaration d'amour avouant sans détour : « j'ai un sacré béguin pour vous » (p. 201). Mais jamais l'épouse modèle ne cède : elle est d'une fidélité à toute épreuve.

Cependant, Queneau ne se contente pas d'en faire une épouse réservée et rangée. Le romancier s'amuse à opérer en coup de théâtre un retournement de situation. L'épouse, prisonnière de son foyer dont Gabriel dit « Marceline, elle sort jamais sans moi » (p. 31), devient l'aventurière absolue qui, à la fin du roman, tire d'un mauvais pas tous les personnages les sauvent in extremis des mains d'Aroun Arachide. Au chapitre XVIII, Marceline qui ne sort pourtant jamais de chez elle devient « le manipulateur du monte-charge » (p. 236) qui leur permet de se sauver.

Queneau joue du cliché de l'épouse rangée qu'il amplifie encore au dernier chapitre par une révélation ultime : Marceline devient « Marcel » (p. 240). Dans une surprise totale, le couple modèle du roman serait un couple d'hommes. Gabriel, parti se cacher, finit par rimer avec Marcel. Mais s'agit-il pour autant d'un couple homosexuel qui dans l'esprit de Queneau parodierait le modèle du couple hétérosexuel ? Rien n'est moins sûr.

Queneau se plaît à rendre hommage à ses lectures favorites. Contre toute attente à la fin du roman, Marceline devient Marcel afin de rejouer le mythe de l'androgyne, ni homme ni femme, dont Gabriel est une autre figure et Zazie l'enfant symbolique du couple. Marceline devient également Marcel en hommage à Mallarmé comme en témoigne, alors qu'elle vient de tirer Gabriel et sa bande d'un mauvais pas, sa désignation comme « lampadophore[1] » (p. 236), référence explicite au deuxième vers du fameux « Sonnet en X » de Mallarmé (1842-1898). Par jeu de mots, Marceline évolue sous X, dans l'inconnu. Et enfin, ultime hommage, le personnage peut retrouver son célibat et devenir un homme au dernier chapitre où perce la référence à Marcel Proust (1871-1922) et à Albertine, personnage féminin clé d'*À la recherche du temps perdu*. Marceline, dont le prénom est un mixte entre Marcel et Albertine, était, comme l'héroïne de Proust, prisonnière de l'amour.

La parodie atteint son comble : la figure du couple s'amuse d'elle-même avec un personnage qui se dédouble en homme. Le récit peut se clore sur un ultime jeu de mots et révéler le seul grand couple inaltérable du roman : Queneau et son amour de la littérature.

---

1. *Lampadaphore* : qui porte des flambeaux.

5 | Paris, une aire de jeu géographique

Zazie dans le métro s'impose comme une exception géographique dans l'œuvre de Raymond Queneau. Alors que du *Chiendent* à *Loin de Rueil* en passant par *Pierrot mon ami,* l'ensemble de ses romans prend la banlieue pour terrain de jeu, Queneau choisit de planter le décor et l'action de son récit en plein cœur de Paris. Zazie, la jeune provinciale entend explorer la ville inconnue, à commencer par son métro, « ce moyen de transport éminemment parisien » (p. 15). Mais au grand dam de la petite fille, le métro est fermé pour cause de grève, ce qui fait résonner le titre du livre comme une antiphrase.

D'emblée, le métro devient le centre vide de la géographie parisienne. L'introduction de cet élément perturbateur conduit les protagonistes à dessiner de nouveaux repères et à inventer de nouveaux parcours dont les péripéties provoquent une série d'aventures burlesques[1] qui transforme la ville en un vaste territoire métaphorique.

PARIS, TERRITOIRE SANS REPÈRES

Connaissez-vous Paris ?, se demandait déjà Queneau entre 1936 et 1939 dans un bref ouvrage qui posait toutes les questions possibles et inattendues sur Paris et sa géographie. Ces mêmes interrogations traversent les aventures de Zazie que Queneau se plaît à projeter dans un Paris qui a perdu la boussole[2].

---

1. *Burlesque* : d'un comique proche du ridicule et souvent bizarre.
2. *Perdre la boussole* : expression familière qui signifie être déboussolé, désorienté.

Un Paris déboussolé

Pour Zazie, Paris sans métro n'est plus Paris. La ville perd non seulement tout son intérêt aux yeux de la fillette mais perd surtout ses repères géographiques. Elle devient méconnaissable et personne ne semble s'y retrouver. C'est le sens de la première traversée de la capitale par Zazie avec Gabriel à bord du taxi de Charles au chapitre premier. Zazie ne découvre strictement rien de la ville car les deux hommes ne parviennent jamais à désigner avec certitude tel ou tel monument. Ainsi que le reconnaît Gabriel : « Tout ça (geste), tout ça c'est du bidon : le Panthéon, les Invalides, la caserne de Reuilly, le tabac du coin, tout. Oui, du bidon » (p. 21).

Dans un jeu de miroir et de renversement, ce n'est pas Zazie qui se trouve dépaysée mais Paris qui est déboussolé. Paris devient la ville du désordre où règne la confusion. L'image la plus représentative de cette confusion est la foire aux Puces où l'on trouve, pêle-mêle, « des semelles hygiéniques, de la lavande, des clous » et même « des boussoles qui fonctionnent dans l'oscurité » (p. 58) et où Zazie « se jette dans la foule, se glisse entre les gens et les éventaires, file droit devant elle en zigzag » (p. 72). À l'exception de La Cave, le bar du « vrai coin » de Turandot (p. 22), Paris apparaît comme un vaste labyrinthe où se perdre devient une source comique intarissable.

Une visite guidée burlesque

Gabriel n'hésite pas faire visiter la capitale à sa nièce. Le chapitre VIII est entièrement consacré à la visite de la Tour Eiffel emmenée par l'oncle promptement surnommé « l'archiguide » (p. 121). Cependant, cet archiguide ne parvient pas véritablement à montrer Paris : du haut de la Tour Eiffel, Gabriel ne reconnaît aucun monument et se révèle incapable de dire où ils se situent. Zazie ne peut alors admirer tout Paris et en apprécier non pas, comme on pourrait s'y attendre, le panorama mais comme le dit le narrateur uniquement « l'orama » (p. 108), à savoir étymologiquement « pas toute la vue ».

Mais cette vue partielle de Paris n'empêche pas un nouveau tour ironique de Queneau. Par un jeu de « mise en abyme[1] », Gabriel est recruté comme guide pour un bus de touristes emmené par Fédor Balanovitch, un de ses anciens comparses. L'« archiguide » fait alors sans surprise des archi-visites absolument non guidées dans un non-sens total mais joyeux.

La visite, qui est marquée par de multiples quiproquos de Gabriel sur certains monuments, est une parodie de visite guidée qui se transforme en véritable périple. Chargé de conduire les touristes jusqu'à la Sainte-Chapelle, « un joyau de l'art gothique » (p. 121), Gabriel montre aux touristes le tribunal de commerce où il ne s'y retrouve jamais. La visite devient une odyssée en soi, ce que le narrateur prend soin de souligner ironiquement en usant d'épithètes homériques décrivant le bus comme un « véhicule aux lourds pneumatiques » (p. 120). Mais Gabriel n'est pas perdu partout dans Paris car tout dépend du Paris qu'il côtoie.

PARIS, TERRITOIRE NOCTURNE ET SOUTERRAIN

Pour Queneau, la traversée de Paris n'est pas seulement une question d'espace mais surtout une question de temps et d'heure. De fait, il y a deux Paris antithétiques au cœur de *Zazie dans le métro* : Paris le jour, qui égare ses visiteurs, s'oppose diamétralement à Paris la nuit, le Paris « bâille-naïte » (p. 119) dont, paradoxalement, Gabriel va se révéler le guide éclairé. En véritable « séductrice » (p. 100), il n'aura aucune peine à en dévoiler les charmes.

---

1. *Mise en abyme* : procédé popularisé en 1893 par André Gide et qui permet par un jeu de miroirs de proposer dans l'œuvre même une image de celle-ci.

Une géographie nocturne précise

La nuit fait de Paris un autre monde où tous les codes et tous les rôles sont inversés. Alors qu'il ne parvenait pas, de jour, à mener le bus de touristes, Gabriel se révèle soudainement doué d'un insoupçonnable talent d'organisateur, lui qui déclare avoir les touristes dont il a la charge « bien en mains » (p. 153). De fait, avec la complicité de Fédor, il planifie une visite guidée du Paris nocturne qui les conduira au Mont-de-Piété, le cabaret où Gabriel danse chaque soir *La Mort du Cygne* devant les « yeux des visiteurs émerveillés » (p. 190).

Là où, de jour, n'existait aucune indication détaillée, le Paris nocturne de *Zazie dans le métro* regorge de noms de rues comme le boulevard Sébastopol (p. 159) ou la rue Rambuteau (p. 160). Le narrateur n'hésite pas à préciser les noms de lieux comme le bar, Aux Nyctalopes (p. 227), que l'on découvre quelques pages plus loin situé Place Pigalle (p. 232). Paradoxalement, c'est la nuit que tout devient clair pour Gabriel comme si à l'image du nom de la boîte de nuit, il voyait dans le noir tel un nyctalope[1] ou avait trouvé l'usage de ces boussoles fonctionnant dans l'obscurité évoquées plus haut.

Un Paris souterrain

Cependant, si l'expédition nocturne s'affirme comme l'antithèse des visites guidées diurnes et enthousiasme Zazie, « la mouflette cambrousarde » (p. 203), c'est aussi parce que le monde de la nuit que Gabriel donne à voir est l'équivalent symbolique du métro en grève. Le Paris de la nuit est un Paris souterrain. À l'instar du métro qui fascine tant Zazie, tout se passe en dessous du niveau du sol parce que, comme dit la petite fille, « le métro, c'est sous terre, le métro » (p. 17). Tous les lieux de visite nocturne ont un rapport avec le sous-sol, à commencer par les salles de billard : « Du sous-sol émanait un grand brou. Ah ah » (p. 163).

---

1. *Nyctalope* : personne capable de distinguer les objets sous une faible lumière pendant la nuit ou dans l'obscurité.

En fait, dès que les protagonistes reviennent à la surface et s'éloignent symboliquement du métro, cela se passe mal comme lorsque revenus du billard et à « la surface du sol » (p. 166), ils se disputent au sujet de la choucroute. C'est la maîtrise de ce Paris souterrain qui, dans l'avant-dernier chapitre, sauve les personnages des griffes d'Aroun Arachide, « voyou noctinaute, indécis pourchasseur de veuves et d'orphelines » (p. 235) et de ses militaires.

Zazie et ses compagnons parviennent en effet à s'échapper de la sorte : « Sur ces mots, il[1] commence à s'enfoncer dans le sol ainsi d'ailleurs que Gabriel, Zazie et Gridoux. Le monte-charge descend le tout dans la cave d'Aux Nyctalopes » (p. 236). Cave, égout et métro, autant de lieux communs du Paris souterrain dont la cartographie n'échappe pas aux personnages et qui leur permettent de dépasser la confusion et de retrouver leur liberté. Paris se s'avère, en fin de compte, pas aussi confus que Zazie le pensait.

PARIS, MÉTAPHORE
DES JEUX D'IDENTITÉ

Pour Queneau, ces jeux entre un Paris diurne et un Paris nocturne ne relèvent pas uniquement de questions de décor. Sous l'influence de Balzac, Baudelaire et Proust, Queneau fait de chaque lieu le miroir de l'identité de ses personnages et suggère métaphoriquement leur portrait moral. Car, comme toujours pour l'auteur de *Connaissez-vous Paris ?*, l'une des questions majeures est celle de l'identité, de la connaissance de soi.

Un paradoxe se dégage de ce parcours picaresque dans Paris : si certains ne retrouvent jamais leur chemin, comme la veuve Mouaque qui enchaîne les déambulations nocturnes, aucun personnage n'exprime l'angoisse de ne pas retrouver son chemin. Zazie prend toujours un chemin au hasard et retrouve toujours son

---

1. Il s'agit de Turandot.

chemin. Elle n'est jamais perdue et trouve ridicule la question du type, qui la pourchasse longuement dans les rues de Paris :

> « Tu es perdue, hein ?
> Zazie hausse les épaules. » (p. 72)

Le sentiment d'égarement est ailleurs : la confusion des rues correspond à la confusion de l'identité. Pédro-surplus, le « type » qui suit Zazie et qui change plusieurs fois de nom (donc d'identité) dans le récit est le seul personnage à exprimer ce sentiment. Il confie son désarroi à Gridoux, le cordonnier, voisin de Gabriel :

> « J'ai ramené la petite à ses parents, mais moi je me suis perdu.
> – Oh ! ça n'est rien, dit Gridoux rasséréné. Vous tournez dans la rue à gauche et vous trouvez le métro un peu plus bas, c'est pas difficile comme vous voyez.
> – S'agit pas de ça. C'est moi, moi, moi que j'ai perdu. » (p. 102)

Le type, alias Pédro-surplus et bien d'autres patronymes, n'a pas d'identité stable. Paris révèle alors son mal-être profond.

À l'inverse, le seul à savoir guider et à se reconnaître dans cette confusion identitaire que reflète Paris, est Gabriel, décidément guide avisé de la nuit. Il connaît aussi bien les lieux parisiens que les habitants de la ville. Queneau joue de sa capacité à distinguer les hommes des femmes dans son cabaret Le Mont-de-Piété (pp. 190-191) mais plus largement dans Paris, ce territoire à constamment réinventer selon chacun.

6 | Un récit théâtral

> « C'est pas une histoire politique avec toutes sortes de consé-
> quences emmerdatoires ?
> – Mais non, c'est juste une blague, je vous assure.
> – Alors allons-y, dit le type quand même pas absolument pas
> rassuré. » (p. 144)

Cet échange entre un automobiliste et la veuve Mouaque donne
la mesure du récit : *Zazie dans le métro* serait « juste une blague ».
Queneau s'amuse ironiquement à souligner, à travers cette vaste
plaisanterie, combien il conçoit son roman comme un récit théâtral qui s'appuie sur un comique inspiré du théâtre et de la farce.
Le monde n'étant pour l'écrivain qu'une scène, un cinéma et un
songe baroques.

UN COMIQUE THÉÂTRAL

> « Dis donc, tonton, demande Zazie, quand tu déconnes comme ça,
> tu le fais esprès ou c'est sans le vouloir ?
> – C'est pour te faire rire mon enfant, répond Gabriel.
> – T'en fais pas, dit Charles à Zazie, il le fait pas exeuprès. » (p. 21)

Force est de reconnaître que Charles a raison : si Gabriel fait
rire comme l'ensemble des protagonistes du récit, c'est parce que
Queneau utilise tous les ressorts du comique théâtral pour nourrir
son intrigue.

Une intrigue entre comédie et farce

Zazie dans le métro est construit comme une véritable comédie.
Telle une scène d'exposition, l'incipit présente sans attendre les
principaux personnages. Mais surtout il leur fixe un cadre et une

ligne directrice donnés par Jeanne Lalochère venue retrouver son amant à Paris et, à cette occasion, confier sa fille Zazie à son oncle Gabriel : « Bon. Alors je vous retrouve ici après-demain pour le train de six heures soixante » (p. 14). Dans ce laps de temps, Queneau va choisir de bâtir certains épisodes de son roman comme des scènes de comédies.

Ainsi, comme chez Marivaux (1688-1763) et Beaumarchais (1732-1799), *Zazie dans le métro* comporte dans son dénouement l'annonce d'un mariage, celui de Mado Ptits-Pieds et Charles, suivi d'une fête au cabaret de Gabriel, Le Mont-de-Piété où, comme le déclare, Turandot, ils vont tous « haller dans une boîte de pédales pour célébrer tes fiançailles » (p. 179). À l'image des comédies de Molière, cette fête est surtout l'occasion de voir reparaître tous les personnages avant le tomber du rideau.

Mais ces scènes relèvent aussi de la farce, comme en témoignent, par exemple, le caractère invraisemblable la bagarre finale (chapitre XVII) et la mort de la veuve Mouaque :

> « La veuve Mouaque, tenant ses tripes dans ses mains, s'effondra.
> – C'est bête, murmura-t-elle. Moi qu'avais des rentes.
> Et elle meurt. » (p. 234)

Loin d'être tragique, cette mort, qui se produit dans l'indifférence générale, est grotesque par son manque de vraisemblance.

Un comique de situation et de répétition

De nombreuses scènes, marquées par des quiproquos, obéissent au comique de situation et de répétition. Reflétant les interrogations de Queneau sur l'identité, deux quiproquos majeurs se produisent dans le roman. Le premier concerne les lieux : la visite guidée initiale de Paris par Gabriel et Charles est le théâtre d'une confusion totale et comique car aucun lieu n'est reconnu et tous sont pris les uns pour les autres comme l'illustre cet échange entre les deux amis :

> « J'ai trouvé, hurle celui-ci. Le truc qu'on vient de voir, c'était pas le Panthéon bien sûr, c'était la gare de Lyon.

> – Peut-être, dit Gabriel avec désinvolture mais maintenant c'est du passé, n'en parlons plus, tandis que ça, petite, regarde-moi ça si c'est chouette comme architecture, c'est les Invalides…
> – T'es tombé sur la tête, dit Charles, ça n'a rien à voir avec les Invalides. » (p. 19)

Une telle confusion fait apparaître les deux hommes, aux yeux de Zazie, comme « des ptits marants » (p. 19).

Le comique s'amplifie avec le second grand quiproquo qui intervient au chapitre III, quand Turandot voulant ramener Zazie en fugue à son oncle se fait prendre malgré lui pour un satyre. De bon samaritain, il passe pour l'un des « salauds complets » (p. 43) qui agressent sexuellement les enfants.

Profitant de ces quiproquos, Queneau va en multiplier la puissance comique en doublant ce comique de situation d'un comique de répétition. Ainsi, tout au long du roman, les quiproquos vont se répéter à l'identique, à commencer par la fausse visite guidée. Au sommet de la Tour Eiffel, Charles, Gabriel et Zazie se retrouvent une nouvelle fois à ne pas pouvoir identifier les monuments de Paris :

> « Et ça ! là-bas !! regarde !!! le Panthéon !!!!
> – C'est pas le Panthéon, dit Charles, c'est les Invalides.
> – Vous allez pas recommencer, dit Zazie. » (p. 107)

Les deux hommes apparaissent à nouveau comme des « petits farceurs » (p. 108) aux yeux de Zazie. Mais le comique de répétition qui s'amuse à reprendre à intervalles réguliers la question de « l'hormosessualité » (p. 109) de Gabriel se double parfois d'ironie. C'est notamment le cas de la scène de confusion des rôles entre l'agresseur et l'agressé qui revient, cette fois inversée, au chapitre V. Alors qu'au chapitre III Zazie avait réussi à faire passer Turandot pour un satyre, la fillette se fait prendre à son propre piège. Personne ne la croit lorsqu'elle dénonce Pédro-surplus, qui la pourchasse, pour un agresseur et, comme par ironie du sort, la situation se retourne contre elle. Zazie est sévèrement condamnée par les passants qu'elle voulait prendre à témoin :

« Si c'est pas malheureux, commente une ménagère.

– De la mauvaise graine, dit une autre.

– Saloperie, dit une troisième [...]. » (p. 73)

Ces renversements de situations renforcent le comique du récit, mais c'est plus largement au genre théâtral que rend hommage l'écriture de *Zazie dans le métro*.

UNE ÉCRITURE ENTRE DIALOGUES ET DIDASCALIES

Si *Zazie dans le métro* ne peut être considérée à l'évidence comme une pièce de théâtre, son auteur se plaît pourtant à jouer de la confusion des genres littéraires et à emprunter au théâtre son art du dialogue et des didascalies. Parce qu'au-delà du comique et du rire, l'écriture théâtrale répond à des règles précises comme se plaît à le rappeler Gabriel : « N'oubliez pas l'art tout de même. Y a pas que la rigolade, y a aussi l'art » (p. 214).

▌Des dialogues de théâtre

Dans *Zazie dans le métro,* comme au théâtre, le dialogue est roi. Signe de l'amour de Queneau pour le langage parlé, le dialogue est le type de texte le plus massivement représenté. Véritable récit dialogué, le roman se fonde sur de constants échanges entre personnages, comme le constate ironiquement la phrase récurrente de Laverdure : « Tu causes, tu causes, c'est tout ce que tu sais faire » (p. 34).

Comme au théâtre, l'action ne s'accomplit dans ce roman que par le biais d'un récit de paroles : c'est, en effet, dans les répliques entre les différents protagonistes que l'intrigue se met en place, la narration et la description étant reléguées au second plan. Tout passe par les dialogues qui révèlent les informations essentielles. En témoigne cette phrase qui, dès les premières pages, informe le lecteur sur le lien qui unit Zazie et Gabriel justifiant la présence de ce dernier à la gare : « Chsuis Zazie, jparie que tu es mon tonton Gabriel » (p. 13). C'est à travers un dialogue entre Jeanne Lalochère, sur le départ avec sa fille, et Marceline, venue raccompagner Zazie à la gare, que l'on découvre, comme dans un ultime coup de théâtre, que Marceline devient Marcel :

> « Tiens, dit Jeanne Lalochère. Marcel.
> – Comme vous voyez. » (p. 240)

L'histoire progresse grâce aux dialogues mais, comme souvent chez Queneau, ils se parodient eux-mêmes, au point que certains d'entre eux exercent juste une fonction de divertissement. « La conversation mon cul » (p. 37), lance Turandot en imitant Zazie comme pour signifier les limites des échanges de paroles. En effet, les conversations ne mènent pas toujours à une véritable communication comme le montrent les propos invraisemblables que Bertin Poirée échange avec Marceline à propos de l'usage de tel ou tel mot :

> « Je me vêts, répéta-t-il douloureusement. C'est français ça : je me vêts ? Je m'en vais, oui, mais : je me vêts ? Qu'est-ce que vous en pensez, ma toute belle ?
> – Eh bien, allez-vous-en. » (p. 204)

Les personnages parlent parfois pour ne rien dire et le reconnaissent volontiers :

> « Oui, dit Gabriel pensivement, de quoi qu'on causait ?
> – De rien, répondit le type. De rien. » (p. 91)

Queneau insiste sur le vide total de certains échanges en un hommage aux propos dénués de sens du « théâtre de l'absurde » et de sa pièce clé, *La Cantatrice chauve* (1950) d'Eugène Ionesco (1909-1994). La dimension théâtrale de l'écriture théâtrale est renforcée par l'art de l'écrivain à utiliser les didascalies.

L'art de manier la didascalie

Comme dans les pièces de théâtre, les répliques de *Zazie dans le métro* sont souvent accompagnées d'indications scéniques, mises la plupart du temps entre parenthèses, qui indiquent le ton que doit observer le personnage, son attitude ou ses gestes.

Lors de cet échange entre Gridoux et Pédro-surplus apparaissent plusieurs didascalies :

> « Et ça ne vous a jamais causé d'ennuis ?
> – Pas de trop.
> (silence)
> Le type répéta :
> – Pas de trop.
> (silence) » (p. 104)

Et un peu plus loin les mêmes personnages de poursuivre :

> « Et le métro ? Alors je le trouverai par là ?
> (geste)
> – C'est ça. Par là. » (p. 105)

On trouve encore des didascalies, un peu plus haut, dans cet échange entre Pédro-surplus et Gabriel :

> « Mais vous n'êtes pas un enfant (sourire aimable). Une grenadine ?
> – (geste).
> Gabriel se sert un autre verre de grenadine. » (p. 79)

Cet art de manier la didascalie s'appuie fréquemment sur le recours au présent de narration pour raconter et décrire les actions. Nombre de passages narratifs ou de descriptions relèvent de l'indication scénique comme autant de notations brèves dans le cadre d'une pièce de théâtre.

Dans ce dialogue entre Gabriel, Mado Ptits-Pieds et Charles aucun passé n'apparaît, tous les verbes sont au présent de narration car l'action théâtrale domine :

> « Donnez-moi donc ça, dit Mado Ptits-Pieds en arrachant la bouteille de l'ému patron.
> Turandot s'éponge le front. Le type suppe paisiblement son remontant enfin servi. Pinçant le nez de Gabriel, Charles lui verse le liquide entre les dents. Ça dégouline un peu le long des commissures labiales. Gabriel s'ébroue.
> – Sacrée cloche, lui dit Charles affectueusement. » (p. 89)

Ce présent de narration propre à toute didascalie est renforcé par la mention de l'attitude théâtrale des personnages. Le narrateur ne manque pas de mentionner que « Gabriel fait semblant de se dresser pour un geste de théâtrale protestation » (p. 78). Mais ce caractère théâtral du roman et de ses personnages est un hommage appuyé de Queneau à un mouvement littéraire qu'il affectionne : le baroque qui conçoit le monde comme une vaste scène de théâtre.

UNE VISION BAROQUE DU MONDE COMME THÉÂTRE

Comme Shakespeare (1564-1516) et Calderón (1600-1681), dramaturges qui font son admiration, Queneau reprend une métaphore centrale du théâtre baroque du XVIIe siècle selon laquelle le monde est un théâtre. Citant largement *Hamlet* de Shakespeare, les héros de Queneau évoluent dans une scène où ils jouent de multiples rôles et où tout semble alors déréalisé[1] comme dans un rêve.

Le monde est un théâtre

À l'image de Shakespeare qui faisait dire à l'un de ses personnages que le monde est une scène où chacun se déguise, Queneau, qui considère que le théâtre est le modèle de la vie, construit sa narration sur la conception du monde comme théâtre. Il reprend l'idée baroque selon laquelle les hommes sont tous des acteurs jetés sur une scène qu'ils ignorent. C'est le sens des allusions explicites à *Hamlet* de Shakespeare dans les trois monologues de Gabriel (pp. 115-116, pp. 149-150, pp. 193-196). Si la fameuse question du dramaturge anglais « Être ou ne pas être, telle est la question » est parodiée en « L'être ou le néant, voilà le problème » (p. 115), c'est en hommage à Shakespeare qui a inventé le procédé du théâtre dans le théâtre.

Pour illustrer ce procédé de « mise en abyme », le récit met en évidence la part théâtrale de chacun de ses personnages. Ils apparaissent tous comme des comédiens, à commencer par Zazie

---

1. *Déréalisé* : qui a perdu le caractère du réel, les rapports normaux avec le réel.

qui puise « dans son répertoire » (p. 19) et son oncle qui dans un cabaret, la nuit venue, se déguise en « Sévillane » (p. 101). Chacun se met en scène de manière spectaculaire dès qu'il se trouve en présence de spectateurs ainsi que le fait Pédro-surplus dans cette scène : « La foule se fit frémir d'un murmure de compassion. Le type, profitant de l'effet produit, la fend, cette foule, et entraîne Zazie, en déclamant dans le genre tragique : on verra bien ce qu'ils disent, tes parents » (p. 74). C'est le même Pédro-surplus qui semble se produire devant Zazie : « C'est pas possib, se disait Zazie avec sa petite voix intérieure, c'est pas possib, c'est un acteur en vadrouille, un de l'ancien temps » (p. 56).

Le constant renvoi dans ce roman à une réalité théâtrale est renforcé par le jeu du vrai et du faux où, comme au théâtre, tout n'est qu'apparence. De Pédro-surplus, Zazie pense que : « C'était pas un satyre qui se donnait l'apparence d'un faux flic, mais un vrai flic qui se donnait l'apparence d'un faux satyre qui se donne l'apparence d'un vrai flic » (p. 75). Cette identité floue renforcée par les multiples déguisements (p. 204) du personnage, qui change d'identité comme on change de costume de théâtre, accentue sa dimension théâtrale.

▌Un théâtre entre cinéma et songe

Cependant, s'amusant de sa propre culture, Queneau modernise la métaphore baroque du monde comme théâtre en l'adaptant à son époque. Le théâtre comme référence artistique et artificielle laisse la place aux allusions cinématographiques. Littéralement, Zazie est une héroïne d'inspiration baroque qui fait son cinéma comme l'actrice de cinéma Michèle Morgan (née en 1920) quand elle monte sur les planches : « Merde, ajouta-t-elle pour son compte avec sa petite voix intérieure, chsuis aussi bonne que Michèle Morgan dans *La Dame aux camélias* » (p. 85).

Tout est aussi exagéré et irréel chez Pédro-surplus : « Le type sourit diaboliquement, comme au cinéma » (p. 79). La mort du père de Zazie repose sur une mise en scène qui la fait ressembler, de l'aveu de la petite fille, à un film : « lui il saute sur la porte et il la ferme à clé et il met la clé dans sa poche et il roule les yeux en faisant ah ah ah tout à fait comme au cinéma, c'était du tonnerre » (p. 69).

Mais au-delà de ce cinéma burlesque, le récit théâtral de Queneau s'amuse à filer la métaphore pour tirer le fil baroque de son texte et en déréaliser un peu plus l'action. Faisant sienne cette célèbre remarque d'un personnage de Calderón selon laquelle « la vie est un songe », Queneau charge le personnage de Gabriel de la pasticher dans l'un de ses monologues : « Paris n'est qu'un songe, Gabriel n'est qu'un rêve (charmant), Zazie le songe d'un rêve (ou d'un cauchemar) et toute cette histoire le songe d'un songe, le rêve d'un rêve, à peine plus qu'un délire tapé à la machine par un romancier idiot (oh ! pardon) » (p. 115)

Queneau cherche ici à jouer de ses personnages pour montrer que la logique des actions est avant tout onirique[1]. Les personnages sont pris dans le songe d'un songe et le théâtre permet à l'écrivain de jouer avec eux. Queneau cherche à souligner, à travers ce récit théâtralisé aux accents baroques, que la seule comédie qui ne se joue pas c'est son amour de la littérature.

---

1. *Onirique* : qui semble sorti d'un rêve.

7 | Un roman poétique et mathématique

Pour Queneau, écrire un roman, c'est le doter de contraintes formelles fortes dont il a été trop longtemps dépourvu. Jugeant à la suite de Paul Valéry que l'art romanesque est trop arbitraire, hasardeux et informe, il décide d'appliquer au récit en prose le modèle formel de la poésie, genre souverain pour la rigueur mathématique de ses lois de versification. Ainsi déclare-t-il dans *Bâtons, chiffres et lettres* où il théorise avec force l'art d'écrire un roman : « Je n'ai jamais vu de différences essentielles entre le roman, tel que j'ai envie d'en écrire, et la poésie. »

Aucune différence car, en effet, selon le cofondateur de l'OuLiPo, lui-même auteur de romans en vers comme *Chêne et chien*, le roman doit s'inspirer de la poésie pour se doter des mêmes structures formelles. Au-delà du simple poème en prose, les situations doivent rimer entre elles selon un rythme régulier, l'anaphore s'imposant chez Queneau comme la figure de style majeure. Du nombre de lettres contenues dans les noms des protagonistes au nombre de leurs apparitions, un véritable souci mathématique domine *Zazie dans le métro* qui, contrastant avec la liberté de ton de sa juvénile héroïne, révèle un formalisme rigoureux.

UNE STRUCTURE NARRATIVE RIMÉE

La rime s'affirme comme la loi poétique essentielle sur laquelle Queneau fonde l'écriture de son roman. Pour l'auteur de poésies comme *Le Chien à la mandoline,* la définition de la rime est très étendue : elle est ce qui se répète à intervalles réguliers. Si bien que la structure du récit s'élabore selon des jeux de symétrie qui s'assimilent à des rimes embrassées ou suivies.

Au sein de *Zazie dans le métro*, elles obéissent à deux contraintes : les chapitres doivent rimer entre eux et, à une moindre échelle, doivent jouer d'échos internes à la manière de rimes intérieures à l'intérieur d'un vers.

▌Des chapitres qui se répondent

Dans une exigence formaliste, Queneau prend tout d'abord soin de faire rimer la structure globale de son récit. La narration de *Zazie dans le métro* est circulaire. Bouclant la narration sur elle-même, le premier chapitre répond au dernier (le chapitre XIX) en reprenant le même lieu (la gare), les mêmes personnages (Zazie, Jeanne Lalochère sa mère et Marcel au lieu de Gabriel) dans le cadre d'une même action : il s'agit au début comme à la fin du récit de déposer et d'accompagner la petite fille à la gare. Ces deux chapitres encadrent un récit dont chaque chapitre se clôt sur une clausule poétique.

À la manière des sonnets baroques qui se terminaient sur un étonnant trait d'esprit que l'on appelait alors pointe ou *agudeza*, chaque chapitre se clôt sur une surprise qui provoque à la fois un paradoxe et un rebondissement. Ainsi la conclusion du chapitre II qui présente un échange entre Gabriel, qui part travailler de nuit, et Marceline, qui l'interpelle pour lui remettre un objet oublié, laisse le lecteur intrigué par le caractère énigmatique d'un tel indice :

> « Gabriel, Gabriel.
> – Quoi ? Qu'est-ce qu'il y a ?
> – Tu as oublié ton rouge à lèvres. » (p. 38)

Ponctuant chaque fin de chapitre, la répétition de ces pointes crée un nouvel effet de rime qui jalonne l'ensemble du récit.

▌Des scènes qui riment

Mais Queneau ne se contente pas de faire rimer les chapitres entre eux, il amplifie son procédé pour faire rimer nombre de scènes entre elles, jouant de multiples variations et des répétitions d'action. Les faits se répètent et se ressemblent. Comme dans les poésies de Stéphane Mallarmé construites sur des jeux de miroirs incessants, Queneau installe avec une insistance joyeuse des effets de symétrie d'une situation à l'autre.

Le récit se constitue alors de scènes revenant d'un chapitre l'autre : c'est le cas de la scène du chapitre III où, pour se débarrasser de Turandot lancé à ses trousses afin de l'empêcher de fuguer, Zazie le fait passer pour un satyre auprès de badauds outrés (pp. 42-43). Cette scène est entièrement reprise à la manière d'une rime inversée au chapitre V où cette fois, devant des passants scandalisés, Zazie, partie avec sa « paire de bloudjinnzes » (p. 73), échoue à faire passer Pédro-surplus, qui pourtant la pourchasse, pour un satyre. Celui-ci parvient en effet à convaincre les badauds que la fillette est une « voleuse » (p. 73).

Queneau va, par ailleurs, jusqu'à reprendre de manière anaphorique les mêmes descriptions pour présenter à l'identique une même situation. C'est le cas au chapitre X quand l'agent Trouscaillon cherche à arrêter au milieu d'un embouteillage une voiture. Il est dit d'un premier véhicule : « une conduite intérieure, isolée mais bien banale, fit son apparition. Trouscaillon roucoula. Cette fois, le véhicule freina » (pp. 137-138). Ce commentaire du narrateur est suivi, quelques lignes plus loin, d'une description quasi identique d'un autre véhicule : « Une conduite intérieure bien banale fit son apparition. Trouscaillon roucoula. Le véhicule s'arrêta » (p. 138). Si la répétition des mêmes actions a une vertu comique, pour Queneau c'est l'effet poétique qui prime : le récit devient un poème dont la rhétorique défie le manque de rigueur ordinairement attaché au roman.

LE LANGAGE POÉTIQUE
DES PERSONNAGES

Dans *Zazie dans le métro*, les situations et les descriptions ne sont pas les seules à se répéter. En contrepoint au parcours désordonné des personnages, Queneau applique aux paroles de chacun le même principe de la rime symétrique. D'un échange à l'autre, les protagonistes sont reconnaissables par leurs répliques identiques. Mais Queneau va plus loin et fait de chaque personnage un poète qui s'ignore.

Des répliques anaphoriques

L'anaphore s'impose comme la caractéristique poétique majeure du langage des personnages. Zazie, Gabriel, Turandot, Laverdure ou la veuve Mouaque émettent des phrases clés qui reviennent de manière répétitive comme des refrains annonçant leur entrée en scène. La plus célèbre réplique anaphorique est le « mon cul » de Zazie qu'elle répète à l'envi (p. 17 notamment) dans le roman. La fameuse phrase de Laverdure, le perroquet, est reprise également à chacune de ses apparitions : « Tu causes, dit Laverdure, tu causes, c'est tout ce que tu sais faire » (p. 27 notamment). Fondée sur l'anaphore de « Tu causes », cette phrase joue elle-même de sa propre répétition et s'impose comme le symbole des jeux de Queneau où tout se multiplie « anaphoriquement » (p. 146).

Parfois, c'est la manière de parler du personnage qui est qualifiée par le même adverbe qui revient anaphoriquement et systématiquement. Ainsi les propos de Marceline sont-ils toujours accompagnés de cette incise « dit doucement Marceline » (p. 28). Comme pour se jouer de ses propres procédés, Queneau n'hésite pas à produire des anaphores d'anaphores en démultipliant les personnages qui eux-mêmes se dédoublent en répétant la même chose. Nouvel hommage aux poésies miroitantes de Mallarmé, le chapitre XVI voit Trouscaillon aux prises avec deux autres agents, « deux hanvélos » (p. 218) qui débutent plusieurs fois leurs interventions par le même énoncé : « Tapage nocturne, qu'ils hurlèrent les deux hanvélos, chahut lunaire, boucan somnivore, médianoche gueulante » (p. 218).

À différents degrés, l'anaphore s'affirme comme l'outil poétique majeur de *Zazie dans le métro*.

Des paroles poétiques

Le discours de certains personnages s'apparente à de véritables poèmes, empruntant outre l'anaphore, les retours de sonorités avec un recours fréquent à la paronomase[1], à l'allitération[2] ou encore l'assonance[3]. De tous les personnages, Gabriel est le plus coutumier de ces envolées lyriques. Dans son discours, la poésie s'exprime de manière sonore avec des jeux sur les syllabes redondantes comme ici parlant de la vie : « Un rien l'amène, un rien l'anime, un rien la mine, un rien l'emmène » (p. 149). À force d'être hanté par les procédés poétiques, il finit par s'apercevoir qu'il s'exprime en alexandrins : « et ici-même je ne sais que ceci, alexandrinairement : les voilà presque morts puisqu'ils sont des absents » (pp. 115-116).

Mais Gabriel n'est pas le seul à s'exprimer « alexandrinairement », c'est-à-dire en faisant des vers sans le savoir, même s'il s'agit de vers blancs, donc de vers non rimés. Le narrateur s'empresse d'en signaler la présence dès que nécessaire et cela dès l'incipit lorsque Gabriel venu chercher sa nièce à la gare se penche sur un « ptit type » (p. 12), qui ose s'opposer à lui « pour proférer cette pentasyllabe monophasée : « Skeutadittaleur... » (p. 13). L'homme qui ne se démonte pas face à « cette armoire à glace » (p. 13) considère que

> « c'était le moment de se forger quelque bouclier verbal. Le premier qu'il trouva fut un alexandrin :
> – D'abord, je vous permets pas de me tutoyer. » (p. 13)

Tout est versifié semble dire Queneau car ce qui compte pour lui est précisément le décompte des vers. De la poésie, il retient le souci des chiffres comme loi formelle ultime.

---

1. Figure de style qui consiste à rapprocher des mots qui sont des sonorités semblables mais des sens différents.

2. Figure de style qui consiste à répéter les mêmes consonnes

3. Figure de style qui consiste à répéter les mêmes voyelles.

UN RÉCIT MATHÉMATIQUE

Ce qui séduit Queneau dans la poésie c'est son approche mathématique. Tout y est justifié car tout y obéit à un calcul précis des syllabes, du nombre de vers et des strophes qui le fascine littéralement. Féru de mathématiques qu'il a pratiqué toute sa vie à un niveau d'excellence, l'auteur du recueil poétique *Cent mille milliards de poèmes* joue avec tous les calculs possibles et rationnalise l'art romanesque en élaborant l'ensemble sa narration autour du chiffre 7.

Le chiffre 7 comme clé de la narration

En mathématicien avisé, Queneau choisit le chiffre 7 pour construire l'ensemble de sa narration. Nombre d'or de Pythagore dont les mérites ont été notamment chantés par Gérard de Nerval, le chiffre 7 détermine nombre d'actions ou de paroles qui s'y rapportent incidemment. Ainsi le chapitre VII met en scène 7 personnages. Ce même chapitre s'ouvre sur la 7e lettre de l'alphabet : G, première lettre de « Gridoux » qui lui-même en comporte 7, tout comme « Mouaque », « Charles » et surtout « Gabriel » qui compte 7 lettres, prénom de l'un des sept archanges qui peuvent regarder Dieu dans la Bible, et qui renvoie aux 7 lettres de « Raymond » et de « Queneau ».

Dans cette folie mathématique du chiffre 7, on dénombrera encore que tous les multiples de 7 sont à l'honneur comme un jeu supplémentaire dans cette narration qui n'en manque pas. En ce sens, « Zazie Lalochère » comporte 14 lettres. Mado Ptits-Pieds comporte également 14 lettres. L'addition de tous les différents noms et surnoms de Trouscaillon (Pédro-surplus + Trouscaillon + Bertin Poirée + Aroun Arachide) donne 49 lettres, soit 7 x 7 : la boucle est bouclée.

Déchiffrer et poétiser le réel

Mais si Queneau multiplie dans une frénésie joyeuse autant de chiffres et de combinaisons de nombres, c'est parce que pour lui les jeux de rimes et les emprunts formels à la poésie permettent de déchiffrer le réel et de le montrer sous un jour inédit. Loin de clamer la laideur de la modernité et de la réalité quotidienne de l'immédiate après-guerre, Queneau s'en fait le chantre et le poète. Le quotidien est porteur, selon lui, d'une poésie et d'une magie que les hommes ignorent et rejettent. Le roman aura à charge de les révéler à son lecteur par l'intermédiaire de Zazie.

Queneau renoue avec le projet poétique qui, depuis Baudelaire (1821-1867) et les « Tableaux Parisiens » des *Fleurs du mal* (1857), tend à faire l'éloge de la ville et de l'époque contemporaine. Comme chez Apollinaire (1880-1918) à sa suite, chez Queneau et donc dans *Zazie* tout est matière à poésie. Car, en définitive, derrière le jeu de rimes, de paronomases et de chiffres, perce une idée majeure : les êtres sont poétiques, poésie que seule la littérature peut révéler au grand jour.

8 | *Zazie dans le métro, un conte moderne ?*

De ses premières tentatives d'écriture dans les années 1920 à ses derniers écrits, Queneau a toujours été fasciné par la forme riche, multiple et libre du conte qu'il a sans cesse cherché à moderniser.

Pour l'auteur des *Contes et Propos*, le conte se trouve à la croisée de trois préoccupations que *Zazie dans le métro* lui a permis de combiner. Tout d'abord, l'univers de l'enfance dont la lucidité et la précocité sont autant de défis adressés au monde adulte. Ensuite la dimension philosophique des contes héritée des Lumières qui offrent des expériences initiatiques riches d'enseignement au lecteur amené à remettre en question ses connaissances. Enfin, la modernité du conte dont le modèle par excellence est, selon Queneau, *Les Aventures d'Alice au pays des merveilles* de Lewis Carroll et dont *Zazie dans le métro* est une réécriture ludique en hommage à son amour des contes.

UN CONTE DE FÉES ?

Pour Queneau, rendre hommage au conte, c'est en reprendre les codes mais c'est aussi s'en amuser. Porté par la liberté de ton qui la caractérise, Zazie est une petite fille qui prend immédiatement ses distances avec des récits attendus de son jeune âge : « Zazie attend mais rien ne semble avoir bougé c'est la maison de la belle au bois dormant. Zazie se rassoit pour se raconter le conte en question en y intercalant des gros plans d'acteurs célèbres. Elle s'égare un peu dans la légende, mais, finalement, récupérant son esprit critique, elle finit par se déclarer que c'est

drôlement con les contes de fées et décide de sortir » (p. 40).
La ligne directrice du récit entre hommage au merveilleux et jeu
parodique est fixée.

Personnages et registre merveilleux

Zazie est un personnage issu des contes populaires pour enfants.
Parce qu'elle est avant tout une petite fille, que son oncle qualifie
fréquemment de « gosse » (p. 53 notamment), elle est l'exemple
type de l'héroïne du conte : toujours en bute au monde des adultes,
elle désobéit. À la manière du Petit Chaperon rouge, Zazie n'est pas
sage, n'écoute pas les recommandations des adultes et fugue. Mis
devant le fait, les adultes qui l'invitaient à la prudence ne peuvent
que constater que : « Lagoçamilébou » (p. 46).

L'élément perturbateur qui s'enclenche après la fuite de Zazie
est caractéristique du schéma narratif des contes folkloriques.
L'intrigue de Zazie dans le métro présente des ressemblances avec
celle du Petit Poucet mais le jeune garçon se perd avec angoisse
dans la forêt quand Zazie se perd avec bonheur dans la ville.

Comme dans tout conte, Zazie dans le métro plonge dans le
merveilleux : le monde présenté n'appartient plus à la logique du
quotidien comme si la fermeture du métro était l'occasion d'une
parenthèse enchantée où évoluent les personnages. Les actions
deviennent invraisemblables sans que personne ne paraisse
s'en étonner comme les retours successifs de Trouscaillon que
personne ne reconnaît, la mort de la veuve Mouaque dont aucun
personnage ne paraît s'émouvoir (p. 234) ou encore lorsque
Marceline finit par devenir Marcel (p. 240). Ce monde de métamor-
phoses pleinement onirique dote le récit d'une liberté absolue.

Une parodie de conte

Une telle liberté conduit à parodier le conte pour enfants.
Précocement mûre, Zazie se révèle plutôt le personnage d'un
conte pour adultes. Jouant de l'innocence et de la naïveté, Zazie
subvertit les codes attendus. Elle devient une enfant dont la parole

touche à ce qui n'est en général pas autorisé dans les contes, et cela de trois manières différentes.

Elle use du registre familier et profère des insultes aux adultes, visant particulièrement son oncle Gabriel : « Si tu veux insinuer que je ne suis pas à la page, dit Zazie, moi je peux te répondre que tu n'es qu'un vieux con » (p. 21). Elle ne cesse de poser des questions d'ordre sexuel, levant l'interdit et le tabou central de tous les contes pour enfants, et n'hésite pas à questionner Charles pour savoir ce qu'est un « hormosessuel » (p. 110). Et enfin, ce personnage a un goût prononcé pour la cruauté. Le récit qu'elle fait du lors du récit du meurtre de son père par sa propre mère est édifiant (pp. 69-70). La fillette n'exprime aucune compassion évoquant notamment des détails sexuels et incestueux (« Tu y passeras à la casserole qu'il déclamait » p. 69) et la violence de l'assassinat (« c'est comme ça qu'il a eu le crâne fendu » p. 70).

Un tel goût du macabre et du sordide évoque l'influence des *Contes cruels* de Villiers de L'Isle-Adam. Mais plus largement, l'attrait pour la parodie amène Queneau à se tourner vers le conte philosophique.

UN CONTE PHILOSOPHIQUE ?

Aimant pratiquer les exercices de style, Queneau entend poursuivre le jeu sur les différents types de conte en explorant les possibilités du conte philosophique. Réinterprétant ces contes popularisés par Voltaire (1694-1778) avec *Micromégas*, *L'Ingénu*, *Zadig* et *Candide*, *Zazie dans le métro* en reprend ainsi les principaux codes avant d'en offrir une éclatante parodie. Car, sous l'amusement et les aventures extraordinaires qui entraînent Gabriel et Zazie, percent une leçon et un enseignement sur les épreuves de la vie. Comme chez Voltaire, ce n'est ainsi pas un hasard si la petite fille déclare à la fin de ses aventures : « J'ai vieilli » (p. 240). Est-ce la morale du récit ? S'agit-il d'un apologue ? Zazie serait-elle alors un nouveau Candide ?

Une réappropriation ludique des codes

Pétri de culture classique et fin érudit, Queneau joue de toutes les attentes du conte philosophique. *Zazie dans le métro* repose sur un dispositif narratif inspiré de *Candide* qui se construit sur le modèle du récit initiatique.

Le parcours de Zazie dans la capitale offre l'occasion à la jeune héroïne de traverser différentes étapes formatrices et symboliques : elle s'évade, erre au gré de sa fantaisie, visite Paris et chaque aventure lui fait comprendre une vérité qui lui est rapportée par des personnages porte-parole. C'est la fonction des trois monologues de Gabriel qui, à chaque fois, renvoient à une leçon sur l'existence et ses événements imprévisibles.

Entouré de ses compagnons et des touristes parvenus au cabaret où il se produit, Gabriel livre ses pensées sur le sens de la vie : « Il faut bien vivre, n'est-ce pas ? Et de quoi vit-on ? je vous le demande. De l'air du temps bien sûr – du moins en partie, dirai-je, et l'on en meurt aussi – mais plus capitalement de cette substantifique moelle qu'est le fric » (pp. 193-194). Gabriel se présente alors comme une parodie de la figure du philosophe comme l'était déjà Pangloss, le maître de philosophie qui parodiait chez Voltaire le philosophe Leibniz. La parodie étant l'un des procédés revendiqués du conte philosophique.

Une parodie de *Candide* ?

Se livrant toujours à d'infinis jeux de miroirs inspirés du théâtre baroque, Queneau parodie ce texte parodique qu'est *Candide*. Outre la figure du philosophe Pangloss qu'il parodie à travers les propos absurdes de Gabriel, Queneau parodie la répétition de la phrase clé du maître de Candide, « Tout est pour le mieux dans le meilleur des mondes possibles. » Il le fait à travers la figure de Laverdure, le perroquet de Turandot qui, répète lui aussi à l'envi « Tu causes, dit Laverture, tu causes, c'est tout ce que tu sais faire » (p. 27). Sa nature de perroquet permet un jeu ironique sur la nature de Pangloss perroquet sans le savoir et ne sachant que « causer » pour ne rien dire.

Mais c'est la figure de Candide et sa naïveté proverbiale qui sont annulées par la présence de Zazie. Particulièrement éveillée aux choses de la vie, la petite fille est l'antithèse de Candide, elle qui ne cesse de clamer qu'elle est plus lucide que les autres, que « Tout ça, c'est du cinéma » (p. 162). Zazie apparaît comme le contraire même d'un être pur et innocent. Elle, qui est tout sauf candide, connaît toutes sortes de détails sur la « sessualité ».

Cependant, outre cette réécriture de Candide en Zazie inversée, Queneau se livre à la réécriture du célèbre conte *Les Aventures d'Alice au pays des merveilles* (1865) de Lewis Carroll.

UNE RÉÉCRITURE DES AVENTURES D'*ALICE AU PAYS DES MERVEILLES*

Queneau n'a cessé de le clamer : Lewis Carroll figure au nombre des écrivains qu'il admire le plus[1]. Son goût pour les jeux de mots, son inventivité narrative et son constant éloge de l'enfance rejoignent le goût de Queneau pour le conte que l'auteur anglais magnifie à travers *Les Aventures d'Alice au pays des Merveilles* dont *Zazie dans le métro* se veut à la fois la réécriture, l'hommage et la version moderne.

Zazie, une nouvelle Alice ?

Zazie partage avec l'héroïne de Lewis Carroll de nombreux points communs. L'une comme l'autre sont des petites filles aventureuses qui ne craignent pas d'écouter leurs désirs. Quand Alice veut suivre le lapin dans son terrier, Zazie n'a aucun scrupule à se sauver de chez son oncle Gabriel. Mais là où Alice a besoin d'un guide, Zazie trouve seule sa voix sans l'aide de personne, et surtout pas de Gabriel, ironiquement nommé « l'archiguide » (p 121).

---

1. Voir notamment « Alice en France » et « De quelques langages animaux imaginaires et notamment du langage chien dans *Sylvie et Bruno* », deux textes de Queneau rendant hommage et réfléchissant à l'art du conte chez Lewis Carroll, in Raymond Queneau, *Contes et Propos,* Paris, Gallimard, 1981.

Il ne s'agit pourtant pas d'une parodie ou d'une critique ironique de Lewis Carroll. Il s'agit au contraire d'une variation, comme si Zazie était une nouvelle Alice mais une Alice inversée, passée de l'autre côté du miroir du titre d'un autre conte célèbre de Lewis Carroll (comme la mise en scène du film de Louis Malle se plaît à le souligner avec ses jeux de miroirs). Une Alice doublement inversée comme le signale son prénom. Si Alice s'ouvre par la première lettre de l'alphabet, c'est délibérément que l'héroïne de Queneau voit son prénom s'ouvrir par un Z, dernière lettre de l'alphabet reprenant l'ensemble de son aventure mais à rebours.

Un conte de la modernité

La réécriture de Queneau ne porte pas uniquement sur l'inversion du personnage d'Alice. L'écrivain effectue un renversement de l'intrigue : Alice avait pu suivre le lapin dans le monde souterrain de son terrier et y découvrir autant d'aventures extraordinaires et de merveilles. Or l'aventure de Zazie en est le double négatif parfait. Voulant descendre dans le métro, Zazie ne peut atteindre ce monde souterrain. Le pays des merveilles, la merveille qu'elle souhaite voir par-dessus tout, est en grève (p. 15, p. 55). Le sens de son périple s'en trouve totalement métamorphosé : Zazie n'a nul besoin du métro pour découvrir que le quotidien est une source intarissable de merveilleux. Elle en fait l'expérience, dès sa première sortie parisienne, émerveillée par une paire de jeans dans lesquels elle se voit déjà : « Zazie en a la gorge sèche. Des bloudjinnzes. Comme ça. Pour sa première sortie parisienne. Ça serait rien chouette » (p. 61).

Le terrier d'Alice a pris les proportions de la ville. Cet élargissement spatial est symbolique et éminemment moral. Au-delà du jeu, il permet à ce conte de la modernité de tirer une leçon à la mesure de cet élargissement : si Zazie dit avoir vieilli, c'est parce que son parcours initiatique lui a permis de quitter ses illusions d'enfant et de comprendre que la vie de tous les jours et la réalité sont ce pays rêvé qu'Alice recherchait.

9 *Zazie dans le métro* dans la vie et l'œuvre de Louis Malle

Cinéaste iconoclaste, volontiers provocateur et grand cinéphile, Louis Malle propose une œuvre variée qui ne cesse d'interroger la société et ses préjugés. C'est dans ce cadre qu'il adapte à l'écran en 1960 le roman de Raymond Queneau, *Zazie dans le métro*.

Mais quelle place occupe ce film au sein de l'œuvre prolixe du cinéaste ? Qu'est-ce qui a conduit Malle à choisir ce personnage de petite fille joueuse et frondeuse pour en faire l'héroïne de son quatrième film ? Quelle place ce film occupe-t-il au sein d'une filmographie qui oscille entre scandales, succès populaire et succès critique grandissant ?

UN ENFANT DE L'OCCUPATION ET DU CINÉMA

Né en 1932 à Thumeries dans le nord de la France, Louis Malle est issu d'une famille de cinq enfants et d'un milieu très aisé de grands industriels. L'enfant, choyé par les siens, grandit paisiblement dans ce milieu de la haute bourgeoise. Mais la Seconde Guerre mondiale éclate et bouleverse profondément le petit garçon.

Une enfance marquée par l'Occupation

L'Occupation allemande va à jamais marquer Louis Malle qui sera profondément choqué par sa violence et par la complicité des collaborateurs français avec la Gestapo. Le cinéaste aborde le sujet, en filigrane, dans *Zazie dans le métro*, où l'on note la présence, dans le café de Turandot, du portrait du Maréchal Pétain et où l'on assiste à des conversations entre Turandot, Gabriel et Gridoux évoquant leurs peurs durant cette période.

L'Occupation va obliger les parents de Louis Malle à placer en pensionnat le jeune garçon dans différents instituts catholiques où il va acquérir une solide culture classique et un goût prononcé pour le théâtre. Ce sont ces séjours en pensionnat, où venaient se cacher des enfants juifs persécutés, qui l'ont le plus sensibilisé à l'horreur de la guerre ; il s'en souviendra dans son chef-d'œuvre, *Au revoir les enfants* (1987).

Pour Louis Malle, qui partage cette vision avec Queneau, l'enfance est dotée d'une puissance poétique propre à changer le monde contre la barbarie des adultes. Fort de cette idée, Louis Malle l'affirme très tôt : il veut être cinéaste.

Une vocation précoce

Durant ses premières années au lycée, Louis Malle ne vit déjà plus que pour le cinéma. Il découvre le septième art avec les films muets de Charlie Chaplin (1889-1977) et de Buster Keaton (1895-1966) dont il admire le pouvoir comique. Admirateur également de Jean Renoir (1894-1979), il est passionné par la capacité du cinéma à révéler ce qui ne voit pas de prime abord et à tout dire. Dès lors, il se lance à quatorze ans dans la réalisation d'un court-métrage en utilisant la caméra de son père.

Une fois son baccalauréat obtenu, il décide contre l'avis familial de ne pas s'inscrire dans un cycle d'études de sciences politiques mais à l'IDHEC (Institut des Hautes Études cinématographiques). Car pour lui, faire du cinéma, c'est porter dans les salles obscures une vision politique du monde, instruire les spectateurs.

À l'IDHEC sa vie et sa carrière prennent un tour décisif. En 1954, le commandant Jacques-Yves Cousteau (1910-1997) cherche un assistant pour réaliser un film documentaire sur les fonds marins et se rend à l'IDHEC pour l'y recruter : il choisit Louis Malle. Après des mois de tournage sur la *Calypso*, le bateau du commandant Cousteau, le film est monté et s'intitule *Le Monde du silence.* Sélectionné au Festival de Cannes, il obtient la Palme d'Or en 1955. La carrière de Louis Malle est alors triomphalement lancée.

UNE ŒUVRE ENTRE SCANDALE ET CINÉPHILIE

À partir du *Monde du silence,* l'œuvre de Louis Malle se construit, pour l'essentiel, sur des œuvres de fiction même si la dimension documentaire joue toujours un rôle important dans sa mise en scène. En effet, Louis Malle se veut observateur des mœurs de son temps et dénonce les hypocrisies avec force et gravité. Il élabore une œuvre crue et intransigeante qui sera diversement appréciée : souvent perçue comme provocatrice, elle fera l'objet de nombreux hommages de cinéphiles pour sa contribution au patrimoine cinématographique.

Un observateur social avisé

La carrière de Louis Malle démarre véritablement en 1957 avec *Ascenseur pour l'échafaud,* histoire d'un meurtre qui revisite les codes du film noir hollywoodien avec Jeanne Moreau (née en 1928) sur une musique jazz de Miles Davis (1926-1991). Couronnée par le Prix Louis-Deluc, l'œuvre, appréciée pour son goût de l'observation sociale, connaît un succès retentissant, confirmé l'année suivante par un nouveau film, *Les Amants,* qui retrace la chronique d'un adultère, à nouveau interprété par Jeanne Moreau.

La peinture critique des mœurs de la bourgeoisie de province à laquelle se livre Malle dans ce film scandalise la presse. Sa liberté de ton, la richesse visuelle de ses plans en extérieur, nouveauté pour l'époque, le rangent du côté de la Nouvelle vague, ce groupe de cinéastes menés par Jean-Luc Godard (né en 1930) et François Truffaut (1932-1984) qui s'enthousiasment pour ce nouveau cinéaste qui allie succès populaire et exigence formelle. C'est avec chaleur qu'ils accueillent son adaptation en 1960 du roman de Queneau *Zazie dans le métro*. Mais si le succès critique est indéniable, le film connaît un échec commercial retentissant.

Les films suivants de Louis Malle connaissent en revanche un véritable triomphe et confirment le statut de cinéaste provocateur que la presse lui attribue. Toujours dans la veine littéraire, il adapte au cinéma un roman de Georges Darien (1862-1921), *Le Voleur* (1967), personnage libre et sans limites, sorte de Zazie au masculin interprété par Jean-Paul Belmondo (né en 1933), qui fait fi de tous les préjugés bourgeois et suscite de nombreuses polémiques.

Mais c'est avec *Le Souffle au cœur* (1971) que Louis Malle fait vraiment scandale : adapté du roman *Ma Mère* de Georges Bataille (1897-1962), le film présente sans aucun jugement la liaison incestueuse d'une mère avec son fils. À la sortie du film, la presse se déchaîne et accuse l'auteur d'amoralisme.

Ces accusations redoublent en 1974 à la sortie de *Lacombe Lucien* coécrit avec le romancier Patrick Modiano (né en 1945), qui présente le parcours du jeune Lucien qui, après avoir voulu s'engager sans succès dans la Résistance, décide de devenir collaborateur. Sans cynisme ni jugement sur ce choix et sur ses liens avec la Gestapo, Malle dessine le parcours d'un Français selon lui ordinaire. Si certains saluent ce film comme l'aboutissement de son œuvre, la polémique est d'une violence telle que Louis Malle décide de s'exiler aux États-Unis.

Un exil de cinéphile avant un retour triomphal

Alors que la majeure partie de ses films tournés en France reflétait son amour de la littérature, l'exil hollywoodien permet au cinéaste de réaliser un rêve d'enfant et de cinéphile : tourner dans le pays du cinéma. Aussi, l'essentiel des films qu'il y dirigera témoigneront de son admiration pour les réalisateurs américains et notamment pour les films de genre[1] qu'il avait commencé à explorer avec *Ascenseur pour l'échafaud*.

Cette période américaine s'ouvre avec *La Petite* (1978), film en costumes qui montre une petite fille, sorte de Zazie très émancipée sexuellement, perdue dans la prostitution infantile de la Nouvelle-Orléans. Mais c'est avec *Atlantic City* (1980), film noir sur le milieu des casinos qu'il renoue avec le succès. Suivent deux autres films qui permettent à Malle de poursuivre son jeu avec les codes des genres cinématographiques : *Crackers* (1984), un film de gangsters, et *Alamo Bay* (1985), un film de guerre.

Cependant, Louis Malle exprime le désir de revenir en France pour y tourner le film qu'il porte en lui depuis de nombreuses années : *Au revoir les enfants* (1987). En partie autobiographique, ce film qui relate l'histoire d'un enfant juif caché dans un pensionnat, remporte un immense succès populaire et critique : il obtient un Lion d'or à Venise (1987), sept César et le Prix Louis-Delluc. S'y exprime une vision sombre de l'enfance condamnée par la terreur de la guerre. En 1989, sort *Milou en mai* qui connaît un grand succès et qui fait resurgir la part d'enfance espiègle contenue dans *Zazie dans le métro*.

ZAZIE DANS LE MÉTRO, FILM LUDIQUE ET ANNONCIATEUR

Rare film de Malle à ne pas avoir rencontré son public, souvent jugé comme une œuvre de commande adaptant simplement le succès de librairie de Queneau, *Zazie dans le métro* semble occuper une place à part dans l'œuvre de Malle. Véritable fantaisie, le film n'aurait pas eu d'écho dans ses autres réalisations. Or si Zazie est une héroïne dont Malle choisit de porter l'histoire à l'écran, c'est parce qu'il se

---

1. *Films de genre* : films qui répondent à des codes d'écriture définis par avance et aisément reconnaissables pour le spectateur.

reconnaît dans cette petite fille qui condense rétrospectivement toutes les préoccupations majeures du cinéaste sur un mode ludique et burlesque.

Zazie, une figure de la provocation

Coécrite avec Jean-Paul Rappeneau (né en 1932) alors débutant, l'adaptation du roman par Louis Malle (à laquelle Queneau ne collabore pas) est d'une grande fidélité au roman. Les grandes lignes du récit sont strictement respectées et les quelques changements de scénario visent à condenser techniquement des scènes pour les porter avec plus d'efficacité à l'écran. Cependant, loin d'être une simple mise en images du roman, Louis Malle fait de la petite fille une figure annonciatrice de la provocation que son cinéma va ensuite illustrer avec force et constance.

Annonçant les personnages plus tardifs du fils incestueux du *Souffle au cœur* et de l'affranchi du *Voleur,* Zazie est le premier personnage de Malle à bousculer les préjugés sociaux. Petite fille espiègle, elle interroge les codes de la bourgeoisie et constitue, par sa liberté de ton, un défi permanent au monde adulte. La mise en scène de Malle va s'attacher à souligner ce défi à travers le jeu des acteurs.

Malle va jouer du contraste entre la spontanéité de la jeune Catherine Demongeot (née en 1950), qui interprète Zazie, et le comportement excessif et caricatural de tous les adultes qui, à l'image de Gabriel interprété par Philippe Noiret (1930-2006), surjouent délibérément. En effet, chez Louis Malle, Zazie est le seul personnage qui ne joue pas. Le but de Louis Malle est de montrer que le monde adulte est une vaste comédie mise à nu par le naturel de la petite fille.

Cependant, à la différence des autres films de Malle où les provocateurs et les provocations prennent un tour tragique, Zazie est le seul personnage, avec Milou plus tard, à exprimer la joie. Elle incarne un personnage comique malgré ses nombreuses marques d'irrespect et sa dénonciation de l'hypocrisie adulte et sociale. Son comportement est souligné par un procédé récurrent dans le montage du film : lorsque l'enfant provoque les adultes, le réalisateur choisit de monter la scène en accéléré lui donnant un tour burlesque. C'est le cas notamment lorsque Zazie mange des moules sans manière et éclabousse Pédro-surplus ébahi, ou lorsqu'elle pose à Charles des questions insistantes sur la sexualité ; dans les deux scènes, la provocation devient comique même si elle n'en est pas moins réelle. Il est à noter que de telles scènes s'inspirent du cinéma muet auquel Malle rend un hommage appuyé.

Zazie, fille du cinéma

À l'image de la Zazie de Queneau qui aimait déjà le cinéma et qui ne cessait d'y faire référence, la Zazie de Malle est une fille du cinéma. Grand cinéphile, qui joue sur tous les codes, Louis Malle se sert du personnage de Zazie, qu'il considère comme son double enfantin et féminin, pour se revendiquer l'enfant du cinéma à travers une série d'hommages aux films qu'il aime et qui ont forgé son goût du cinéma.

Les pérégrinations de la petite fille dans Paris sont symboliquement l'occasion pour Malle d'un parcours dans sa cinémathèque personnelle. Nombre de scènes se construisent sur des références à des films de genre :

– Le générique qui, par sa musique et ses plans sur le chemin de fer, évoque les westerns comme *Le train sifflera trois fois*.

– La comédie musicale n'est pas en reste qui se voit évoquée à travers la figure de Mado Ptits-Pieds descendant tout en dansant les escaliers à la manière de la célèbre danseuse et actrice américaine Ginger Rogers (1911-1995).

– Le film noir est également convoqué à travers la course-poursuite nocturne qui parodie son propre film, *Ascenseur pour l'échafaud*.

– Le dessin animé est aussi célébré à travers une course poursuite entre Pédro-surplus et Zazie où des plans dessinés sont insérés.

– Mais c'est véritablement le cinéma comique que Malle met à l'honneur avec Jacques Tati. Durablement impressionné par ses films comme *Jour de fête* ou encore *Mon oncle,* Malle choisit de faire de Zazie la fille spirituelle de monsieur Hulot dont elle hérite la manière de déranger tous les codes sociaux sans même le faire exprès. – Enfin, au-delà du cinéma, c'est au théâtre que Louis Malle ne cesse de faire référence. S'inspirant notamment du jeu des acteurs de la commedia dell'arte, la mise en scène de Malle prend soin de montrer combien les décors sont artificiels comme dans la dernière scène où tout s'effondre et montre l'équipe de tournage en plein travail.

Par le biais du théâtre c'est un hymne au cinéma et à sa joie de l'artifice que donne à voir Malle. Zazie n'est pas uniquement la fille du cinéma de Louis Malle : elle est la mère de ses œuvres à venir. C'est avec ce même amour du théâtre qu'il tourne en 1994 son ultime film inspiré d'une pièce de Tchekhov (1860-1904), *Vanya, 42e rue* avant de mourir prématurément en 1995 à Beverly Hills aux côtés de l'actrice américaine Candice Bergen, son épouse depuis 1980. Sa disparition est saluée par tous comme celle d'un cinéaste d'exception dont l'influence est encore aujourd'hui plus vive que jamais.

10 | Une adaptation poétique

« Ce n'est pas possible ! », s'exclame Pédro-surplus surpris par la rapidité avec laquelle Zazie a avalé son assiette de moules. Cette exclamation témoigne du pouvoir poétique de la fillette qui surprend et bouleverse le quotidien des gens qu'elle croise au cours de ses pérégrinations dans Paris. Ainsi, adapter *Zazie dans le métro* à l'écran consiste à souligner cette puissance poétique. Sous la caméra de Louis Malle, Zazie devient l'héroïne d'un conte poétique et d'un dessin animé où le monde, en technicolor, rend un vibrant hommage aux valeurs de liberté prônées par le mouvement surréaliste que le réalisateur appréciait tant.

UN CONTE POÉTIQUE

Pour refléter la poésie de Zazie, la mise en scène doit mettre l'accent sur la capacité de la petite fille à voir sa vie et celle des autres comme un conte de fées. Loin des contraintes du réel et des règles de vraisemblance, la poésie dote la réalité quotidienne d'une puissance merveilleuse où toute logique disparaît. Dans *Zazie dans le métro*, Paris devient le lieu d'un enchantement permanent pour la petite fille qui, émerveillée à l'idée de monter au sommet de la Tour Eiffel, s'écrie : « C'est chouette la ville ! »

Une logique merveilleuse

Si les premières scènes du film apparaissent comme des hommages répétés au cinéma muet, la mise en scène de Louis Malle prend vite le parti d'éclairer la dimension poétique de Zazie en faisant d'elle la jeune héroïne d'un conte merveilleux.

Après une première nuit passée chez l'oncle Gabriel, tout semble se prolonger, à son réveil, comme dans un rêve : aux toilettes, Zazie rêve déjà du métro et Malle illustre la poésie de la scène en faisant passer l'ombre chinoise du transport en commun sur le visage ébahi de l'enfant.

Le rêve éveillé de Zazie se poursuit lorsqu'elle va mettre ses chaussures. Jouant du montage, Malle s'amuse à rendre le réel irréel pour l'enfant qui voit ses chaussures voler dans les airs avant de venir se mettre toutes seules à ses pieds. Le rêve se poursuit à la foire aux Puces devant un étal où, attendant d'avoir sa paire de jeans, Zazie se saisit d'une chaussure qui, tout à coup, se met à émettre le son d'une boîte à musique sans que la petite fille s'en étonne. Non loin de là, un bébé avec une pancarte « À vendre » autour du cou attend sans que personne n'y prête attention.

Rien n'est vraisemblable et pourtant tout semble naturel dans un élan poétique qui montre un autre réel dont Malle fait de Zazie le guide.

Conte de fées et dessins animés

Le monde poétique de Zazie s'affirme explicitement comme un monde d'enfants. Et si Malle joue de procédés de montage pour suggérer que le merveilleux figure au cœur de l'action, son amour du cinéma le pousse à rendre hommage au genre cinématographique qui, selon lui, incarne la poésie de l'enfance : le dessin animé. Nombre de plans ou de scènes de *Zazie dans le métro* évoquent des dessins animés de Walt Disney notamment, dont Malle appréciait la capacité poétique à présenter une réalité merveilleuse et ludique.

C'est ce même sens du jeu et de l'émerveillement qui détermine Malle dans sa mise en scène. Certains plans citent avec allégresse le film *Alice au Pays des Merveilles* (1951) de Walt Disney dont notamment la fameuse scène où Alice noie le Pays des Merveilles dans ses larmes intarissables. La même scène paraît s'engager quand Zazie constate lors de sa fugue que le métro est, à son grand désespoir, toujours en grève : elle se met alors à pleurer de la même manière que le personnage du dessin animé, avec force plaintes que Malle souligne en élevant fortement le volume sonore des pleurs.

La mise en scène ne se contente pas de simples allusions : pour souligner combien la puissance poétique de Zazie métamorphose le réel et lui donne l'allure d'un conte, le réalisateur choisit d'insérer quelques planches de dessins animés. C'est le cas lors de la longue scène de course-poursuite quand Pédro-surplus essaie de rattraper Zazie qui lui a dérobé la paire de jeans. Leurs affrontements répétés et hors de toute vraisemblance sont entrecoupés de scènes très brèves extraites de dessins animés représentant des explosions comme lorsque le bâton de dynamite que tient Pédro-surplus explose.

S'inspirant d'Alfred Hitchcock (1899-1980) qui, dans *Vertigo* (1958), avait inséré, pour la première fois de l'histoire du cinéma, un extrait de dessins animés dans la scène de rêve de Scottie pour en multiplier la force poétique, Louis Malle reprend le procédé.

En accentuant ainsi la dimension poétique du film, le cinéaste cherche à montrer que la réalité n'est pas celle que l'on croit : le quotidien peut être une source de joie intarissable.

LA LIBERTÉ POÉTIQUE DE ZAZIE

Aux yeux de Louis Malle, Zazie est dotée d'une grande liberté poétique qui lui permet de s'affranchir des codes sociaux. Son arrivée dans Paris ordonne le monde selon ses désirs, à l'image de la scène de répétition au cabaret où elle dirige la troupe de danseuses.

❚ Un monde en technicolor

Pour montrer combien Zazie métamorphose la réalité, Louis Malle s'appuie sur deux procédés qui touchent à son utilisation du décor. L'arrivée de Zazie provoque un changement dans les vies de chacun et surtout de décor. À la différence du roman de Queneau, le bar de Turandot fait l'objet d'une rénovation qui le change radicalement. Du bar d'après-guerre avec son comptoir en zinc, la brasserie se transforme progressivement tout au long du film, comme pour le rythmer, en bar au décor moderne. Le symbole de cette transformation est le remplacement du gramophone par un juke-box qui diffuse une musique joviale.

C'est également un autre élément du décor mais aussi des costumes qui vient souligner de temps à autre la liberté poétique de la jeune héroïne. Le décor insiste beaucoup sur des jeux de couleurs vives et chaudes dont Zazie est le porte-drapeau : tout au long du film elle gardera son pull orange. C'est dans ces tons d'orange, de rouge et de jaune que toute la palette graphique du décor va s'établir. Loin des couleurs grises et ternes des adultes, Zazie est le guide d'un monde en technicolor.

Ce choix symbolique de la couleur est omniprésent dans nombre de scènes en arrière-plan. Devant le café de Turandot, les bâtiments effondrés laissent place à des lettres et notamment à des voyelles de toutes les couleurs. Si des couleurs aussi soutenues ne sont pas sans rappeler celles du mouvement pictural du Pop Art[1] ou encore celles utilisées par Jacques Tati dans *Mon oncle,* elles sont pour Malle l'occasion de rendre hommage au poète Arthur Rimbaud (1854-1891) et à son célèbre sonnet « Voyelles » qui attribue une couleur à chaque voyelle pour changer le monde. Malle s'en souvient ici[2]. Le poète change la couleur des voyelles, le cinéaste met du technicolor dans chaque plan.

Des adultes métamorphosés en enfants

Ce pouvoir poétique de l'enfance à métamorphoser le monde exerce, selon Malle un effet sur les adultes. Si comme chez Queneau Zazie est une enfant prématurément mûre, elle demeure

---

1. Mouvement pictural américain de la seconde moitié du xxe siècle emmené par Andy Warhol (1928-1987) et qui mettait l'accent sur les couleurs très vives.
2. Le cinéaste Jean-Luc Godard (né en 1930) s'inspire à son tour de Malle et utilise le procédé dans son film Pierrot le fou (1965).

en revanche une enfant qui va transmettre sa faculté d'émerveillement aux adultes, sinistres et ternes avant son arrivée dans la capitale. Car pour Malle, rendre les adultes plus enfantins c'est retrouver en eux l'enfant qui sommeille. Zazie est un intercesseur[1] poétique, qui va les aider à y parvenir.

Cet effet magique se traduit par des images où dominent l'insolite[2] et l'invraisemblable dans une insouciante allégresse. La scène la plus signifiante à cet égard est celle où l'on voit Gabriel s'exprimer lors de la visite de la Tour Eiffel. Si d'apparence ce personnage est un adulte, au fur et à mesure que le film avance, il devient au contact de Zazie, d'une grande puérilité. Il se livre à un monologue poétique et lyrique. Ainsi lorsqu'il évoque avec grandiloquence le sens de la vie, il croise un ours polaire au sommet de la Tour ou encore un capitaine de marine qui scrute l'horizon avec des jumelles avant d'être aspergé d'eau comme si la Tour Eiffel se métamorphosait en phare à l'entrée d'un port.

Autant d'images poétiques et inattendues comme la descente de Gabriel quittant la Tour Eiffel au moyen d'un ballon pour enfants qui le transporte dans les airs et le fait atterrir dans un bac à sable, signe qu'il est retombé en enfance. Son cheminement est poétique : il est métamorphosé.

Tout au long du film, sous l'impulsion de Zazie, d'autres images poétiques vont venir ponctuer la mise en scène de Louis Malle reflétant son attachement au mouvement surréaliste.

UN HYMNE À LA POÉSIE SURRÉALISTE

Fortement influencé par le mouvement littéraire et culturel mené par André Breton (1899-1966) qui accorde une large part à la dimension visuelle, picturale, photographique et cinématographique, Louis Malle va faire de Zazie l'enfant du surréalisme.

---

1. *Intercesseur* : qui prend la défense, joue les intermédiaires.
2. *Insolite* : qui est anormal, bizarre, surprenant.

Une collection d'images insolites

Mettre du rêve dans la vie et créer de l'insolite au cœur du réel le plus plat, tels étaient les deux desseins poétiques majeurs du mouvement d'André Breton. Armé de cette même double conviction, Malle multiplie les images incongrues lors de la promenade de Zazie et de l'inconnu à la Foire aux Puces.

Ce lieu rempli d'objets hétéroclites[1] est longuement filmé par Malle qui détaille tous ses étals comme s'il s'agissait d'une caverne des merveilles. On y découvre des musiciens qui jouent sans instruments, un chauffeur qui cherche à faire rentrer une statue dans une voiture ou encore un vendeur qui prend soudain le visage de l'inconnu comme un double surréaliste : au moment de choisir les jeans, le vendeur prend le visage de Pédro-surplus.

Évoluant en toute quiétude dans ce lieu où défilent des scènes surprenantes, Zazie est au centre de l'image la plus poétique du film. Mangeant ses moules avec frénésie, elle y découvre une perle de culture qu'elle jette aussitôt. L'image est parlante : Malle suggère que Zazie est seule capable de trouver dans le quotidien la perle rare, là où il est le plus inattendu, à savoir dans une moule.

Les images insolites vont s'accumuler avec une frénésie qui traduit la jubilation de Louis Malle à en nourrir son film. Dans le cabaret de Gabriel, se produit un ours polaire jongleur et cracheur de feu. Une fausse Marilyn Monroe arpente les trottoirs de Paris sous l'œil hagard de Trouscaillon avant de s'enfermer dans une colonne Morris[2] et devenir, comme par magie, le chanteur Sacha Distel. Aucune logique ne lie ses images entre elles ni ne s'explique, seule importe la joie de placer l'inattendu et la fête au cœur du réel. À l'image de l'insupportable embouteillage dans lequel apparaît tout à coup Sacha Distel ou cette autre image

---

1. *Hétéroclite* : divers, qui appartient à des genres différents.
2. *Colonne Morris* : élément du mobilier urbain parisien de forme cylindrique, qui sert à la promotion de films et de spectacles.

inattendue d'Albertine déguisée, dans les séquences finales, en aviateur de la Seconde Guerre mondiale.

Dans ce film, comme dans le mouvement surréaliste, l'inattendu est un foyer intarissable d'images poétiques.

Un hommage à Man Ray

Zazie dans le métro puise ainsi dans le patrimoine cinémato-graphique et photographique du surréalisme pour multiplier des plans qui font référence au mouvement d'André Breton. Les photographies de Man Ray (1890-1976) sont mises en lumière à travers le mannequin de la robe de Sévillane qu'Albertine prépare pour Gabriel. La référence aux travaux sculpturaux sur des bustes d'automate du photographe est également explicite. La fasci-nation pour l'automate et surtout pour les mannequins est un hommage au photographe surréaliste.

Dans le passage parisien, où se déroule la première course-poursuite entre Turandot et Zazie surgit de manière inattendue un mannequin qui se met à poursuivre Zazie. Man Ray est double-ment convoqué à travers l'homme de cire qu'il a mis en scène sous toutes ses coutures[1] mais aussi par le fait que la scène se déroule au cœur de Paris, dans un passage souterrain et plein de surprises qui fascinait tant les surréalistes.

La deuxième course-poursuite entre Zazie et Pédro-surplus montre Zazie tentant d'échapper à l'homme en se cachant parmi une succession de mannequins à son image : là, encore Man Ray et son amour des êtres de cire est convoqué.

La troisième course-poursuite entre Trouscaillon et Albertine montre l'épouse modèle de Gabriel, imperturbable sur sa moby-lette, comme un véritable mannequin de cire. Est-elle réelle ou surréelle ? Telle est la question que l'hommage au surréalisme

---

1. Man Ray est essentiellement connu pour ses travaux photographiques qui, au lieu de mettre en scène des modèles vivants, s'amusait à prendre au pied de la lettre le mot « mannequin » et à mettre des mannequins de cire en avant.

pose en référence à l'automate-androïde de Fritz Lang (1890-1976) dans *Metropolis* (1927), cinéaste allemand et modèle de Man Ray.

Autant d'hommages au surréalisme qui permettent de montrer qu'entre jeu et amour du cinéma, Louis Malle fait de Zazie un enfant qui, à l'image de ce que cherchait Paul Eluard (1895-1952), invente un « ciné-poème » permanent : cinéphile et poète, elle met du cinéma dans le quotidien de chacun pour produire des images qui disent le bonheur d'être au monde.

11 | Un hommage à Keaton, Chaplin et Tati

« Tu m'offres le cinémascope ? », lance Zazie à son oncle à la fin de leur premier dîner. Ce n'est pas l'oncle Gabriel, pris par son travail de nuit, qui répondra positivement à cette demande mais Louis Malle qui va propulser Zazie dans un film construit sur une somme de références ludiques au cinéma de ses illustres prédécesseurs. Buster Keaton, Charlie Chaplin et, plus près de lui, Jacques Tati sont autant de modèles dont Malle va reprendre les procédés, qui ont assuré leur célébrité, pour rendre son comique inventif.

UN FILM EN HOMMAGE À BUSTER KEATON

Louis Malle aurait aimé faire de *Zazie dans le métro* un film comique muet dans la même veine inventive que les films de Buster Keaton (1895-1966). Cet acteur et réalisateur américain est l'une des références majeures de Louis Malle qui reprend, dans sa mise en scène, sa technique du *slapstick* et nourrit son film de constantes références au maître du muet.

Un art du *slapstick*

Élément central du burlesque[1], ce terme anglais signifie littéralement « coup de bâton ». Hérité de la commedia dell'arte, il est popularisé par Keaton qui en fait une source permanente de gags.

---

1. *Burlesque* : d'un comique grotesque et déroutant.

Dans ses comédies, le *slapstick* se caractérise par de nombreuses chutes, chocs violents sans conséquence, bagarres, mais surtout par de rocambolesques courses-poursuites, dans un montage en accéléré des scènes.

Si chez le cinéaste muet la question du montage en accéléré est involontairement due à un problème technique lié à son époque, Malle se réapproprie le procédé. Il tourne en accéléré de nombreuses séquences qui, par leur caractère surprenant, apportent de la fantaisie. Ce procédé s'applique tout particulièrement aux scènes de courses-poursuites qui apparaissent, à plusieurs reprises, dans *Zazie*. La plus longue, qui montre Pédro-surplus lancé aux trousses de Zazie après le vol des jeans, s'étend sur près de dix minutes. La douce folie qui la caractérise et l'inépuisable énergie des personnages courant en accéléré est un hommage au cinéma de Keaton.

▌Un hommage au *Mécano de la « General »*

Louis Malle va au-delà de l'emprunt de simples techniques de montage. Il nourrit plusieurs scènes de son film d'allusions explicites et amusantes aux films principaux de Buster Keaton. Deux références majeures se détachent : la première apparaît dans les premières scènes du film qui montrent, dans le générique, les voies de chemin de fer et Jeanne Lalochère la mère de Zazie, descendre du train. Si un évident clin d'œil à *L'Entrée du train en gare de La Ciotat* (1895) des frères Lumière apparaît dans l'arrivée du train, cette scène évoque avec force les séquences ferroviaires et burlesques du *Mécano de la « General »* (1926) où une locomotive folle est lancée à vive allure au grand dam de Buster Keaton, son mécanicien. La première scène du film de Malle reprend le même montage en accéléré dans un cadre ferroviaire identique.

Une scène tout aussi burlesque que chez Keaton vient clore le film quand, de manière invraisemblable, Jeanne Lalochère arrive à monter dans le train déjà lancé en pleine course et que, tout aussi invraisemblablement, Albert et Zazie parviennent à la rattraper.

Mais une autre référence au cinéma de Keaton, encore plus massive, traverse le film. Elle concerne la course-poursuite de Zazie, la veuve Mouaque et Trouscaillon lancés à la poursuite de Gabriel enlevé par le car de touristes. Au cours de cette scène démesurément longue, on voit la voiture de la veuve Mouaque perdre progressivement tous les éléments de sa carrosserie et continuer à rouler sans que personne ne s'en étonne. Malle fait ici une allusion aux nombreuses scènes identiques que l'on trouve dans les films du cinéaste américain. Lors d'une course-poursuite dans *Le Cameraman* (1928), la voiture conduite par Keaton perd progressivement tous ses éléments à l'exception de son volant qui reste entre les mains de son conducteur.

Pour enrichir le comique enjoué et fantaisiste de son film, Louis Malle fait également des emprunts au cinéma de Charlie Chaplin.

ZAZIE, UN NOUVEAU CHARLOT ?

À la différence de ceux faits à Buster Keaton, les emprunts de Louis Malle au cinéma de Charlie Chaplin (1889-1977) ne concernent pas uniquement la partie de son œuvre produite pendant l'ère du muet. Malle s'inspire aussi du cinéma parlant et notamment du film *Les Lumières de la ville* (1931), l'œuvre majeure du réalisateur et acteur britannique.

Un art de la pantomime

Si Charlie Chaplin reste l'un des cinéastes favoris de Louis Malle, c'est parce qu'il admire son art de la pantomime. Héritée du théâtre auquel Malle fait également de nombreux emprunts, la pantomime consiste à produire uniquement des gestes et autres mimiques pour s'exprimer, sans avoir recours au langage. Rare au cinéma, elle est pourtant popularisée par Chaplin paradoxalement à l'arrivée du cinéma parlant. Alors que tous les films contemporains sont entièrement dialogués, Chaplin persiste à inclure de larges scènes muettes et mimées dans les siens. Cette technique est reprise par Malle sur un mode burlesque.

C'est encore à l'occasion des courses-poursuites qu'il a recours à ce procédé de la pantomime. Lors de la longue course-poursuite qui oppose Pédro-surplus et Zazie, aucun dialogue ne se produit durant les dix minutes que dure la confrontation. Le spectateur assiste à de nombreuses gesticulations des personnages mais il n'entend jamais leurs voix : la peur comme la joie et la panique sont mêlées et mimées. Une telle scène de pantomime s'inspire des courses-poursuites de Chaplin dans *Les Temps modernes* (1936) où Charlot mime la peur et une fausse panique.

▌Un hommage au *Kid* et aux *Lumières de la ville*

Mais c'est surtout à un autre grand film de Chaplin, *Le Kid* (1921), que Malle va rendre hommage au travers de *Zazie dans le métro*. *Le Kid* raconte l'histoire d'un enfant abandonné et recueilli par Charlot qui va se charger de l'élever. Le gamin se distingue par son caractère espiègle, sauvage et joueur, que l'on retrouve chez Zazie son double féminin. Si Zazie est la version française du Kid, le film de Malle s'inspire d'une autre grande œuvre de Chaplin, *Les Lumières de la ville* (1931). Il reprend des traits principaux de ce film qui retrace, après la crise de 1929, le destin d'un homme et d'une fleuriste aveugle qui finit par retrouver la vue grâce à l'argent donné par Charlot.

Ainsi, de la même manière que la jeune fleuriste découvre les lumières de la ville et ses dangers, Zazie découvre Paris dont les lumières l'éblouissent tout autant. La multiplication des néons, notamment dans les plans qui précèdent le premier dîner de Zazie chez son oncle, a pour but de rappeler que la petite fille, comme l'héroïne de Chaplin, est exposée aux lumières de la ville. Cependant, Malle propose une relecture ludique du chef-d'œuvre de Charlie Chaplin car Zazie joue le même rôle que Charlot dont elle semble être le double : comme lui, elle ouvre les yeux des adultes sur un monde qu'ils ne percevaient pas ou mal. Grâce à elle la réalité est métamorphosée de manière symbolique au terme d'aventures tout aussi rocambolesques[1].

Cependant, plus encore qu'à Charlot, c'est à Monsieur Hulot que fait penser Zazie, comme si elle en était la fille spirituelle du héros tranquille de Jacques Tati.

ZAZIE, LA NIÈCE DE MONSIEUR HULOT ?

Louis Malle ne s'en est jamais caché : *Zazie dans le métro* est un hommage appuyé à son cinéaste contemporain favori, Jacques Tati (1907-1982). Réalisateur qui a fait la synthèse de toute l'histoire du cinéma muet et héritier de Buster Keaton et de Charlie Chaplin, Jacques Tati est l'auteur d'une œuvre qui renouvelle profondément après la Seconde Guerre mondiale le cinéma comique. Son personnage phare et récurrent, le gaffeur et lunaire[2] Monsieur Hulot, est une sorte de Charlot à la française rendu populaire grâce à trois succès consécutifs : *Jour de fête* (1949), *Les Vacances de Monsieur Hulot* (1953) et surtout *Mon oncle* (1958).

▌Le travail de la bande-son

Malle, qui accorde une place importante à l'originalité technique des cinéastes dont il s'inspire, retient de Jacques Tati sa capacité à travailler la bande-son comme dans un film muet. Si, en tant qu'héritier de Charlot, Tati travaille, par le biais de Monsieur Hulot, la pantomime – le personnage ne s'exprime presque jamais –, il utilise une technique particulière de mixage : à une musique enjouée et joviale sont mêlées les voix de tous les acteurs qui semblent comme étouffées, suraiguës et en accéléré. L'effet comique est garanti : on ne distingue plus rien de ce qui se dit et

---

1. *Rocambolesque* : plein de péripéties extraordinaires.
2. *Lunaire* : rêveur.

les voix des personnages devenues inaudibles provoquent une sorte d'hystérie aux accents burlesques.

Malle utilise ce procédé de mixage de la bande-son pour faire de *Zazie dans le métro* un film muet sans véritable mutisme. De nombreuses scènes de son film reposent sur ce même usage de la bande-son notamment lorsque Zazie s'exprime. Tout en mangeant des moules dans un restaurant en compagnie de Pédro-surplus, la petite fille raconte le meurtre de son père. Mais tous les détails violents et sordides que le roman de Queneau n'épargne pas à son lecteur sont montés dans le film en accéléré et disparaissent dans une confusion de bruits où la musique du film engloutit tout. On n'entend plus ce que la petite fille dit.

Dans ce même élan comique, la scène entre Charles et Zazie discutant de sexualité en redescendant de la Tour Eiffel est affectée du même travail que Tati opérait déjà dans *Mon oncle,* un des films favoris de Malle.

▌Un hommage à *Mon oncle*

Considéré comme l'un des chefs-d'œuvre de Jacques Tati et l'un de ses plus grands succès, *Mon oncle* marque profondément Louis Malle non seulement pour sa puissance comique mais aussi pour sa grande capacité d'analyse sociale. Malle s'inspire de la relation de l'oncle et du neveu chez Tati et calque les rapports de Zazie et son oncle Gabriel sur le même mode à la fois ludique et distancié[1]. L'oncle, Monsieur Hulot, est le modèle de Gabriel : il est gaffeur, enfantin, maladroit, puéril mais habité par la grâce comique qui séduit les enfants. Les sourires qui illuminent le visage de Zazie sont identiques à ceux du neveu de Monsieur Hulot, tout aussi émerveillé par l'aspect lunaire de son oncle qui commet bévue sur bévue.

C'est enfin l'observation des mutations historiques et sociales que Malle emprunte à Tati. Sous le comique burlesque de

---

1. *Distancié* : avec recul, distance.

Monsieur Hulot perce le malaise d'un être mal adapté aux changements d'époque et à la révolution économique de la modernité qui suit l'immédiate après-guerre. Les mêmes considérations sociologiques confrontant le monde passé et le monde moderne apparaissent dans la mise en scène de Louis Malle, notamment dans l'utilisation du décor. Les changements de décor du bar de Turandot, qui passe d'une décoration de l'entre-deux-guerres à la nouveauté en formica des années 1950 comme dans la villa extrêmement moderne de *Mon oncle*, en témoignent.

Comme chez Tati, une certaine méfiance tempère l'éloge de la modernité chez Malle : le bar où se déroule la bagarre finale dans *Zazie* voit le décor en formica détruit laissant apparaître, inchangé, un bar aux fresques Belle Époque. Comme chez Tati, une question se pose : le progrès est-il un bienfait ?

Toutes ces influences mêlées de Keaton, Chaplin et Tati, montrent combien Zazie, l'héroïne de Louis Malle, est l'enfant du cinéma.

12 Un cinéma entre commedia dell'arte et jeux du cirque

Dans le film de Louis Malle, le cabaret où Gabriel danse tous les soirs déguisé en danseuse espagnole ne s'appelle plus « Le Mont-de-Piété » comme dans le roman de Queneau mais « Le Paradis ». Changement de nom significatif qui n'accentue pas seulement la qualité d'archange de Gabriel mais qui montre combien cet univers de la représentation et du jeu constitue un lieu paradisiaque dans lequel la mise en scène de Louis Malle entend se déployer.

Car, pour le réalisateur, le voyage de Zazie à Paris est l'occasion d'un spectacle permanent dont sa dramaturgie doit rendre compte : le film sera un éloge des acteurs et du cinéma en hommage à la comédie italienne et à la commedia dell'arte mais aussi aux jeux de cirque dont le plaisir enfantin irradie chaque instant du film.

LE JEU THÉÂTRAL DES ACTEURS

« J'ai le trac », lance Gabriel avant de monter sur scène dans son cabaret pour exécuter son numéro de danseuse en tutu devant des touristes ébahis. « J'ai le trac », répète en s'en amusant Albertine son épouse, en rangeant ses vêtements dans sa loge car la jeune femme sait bien que personne dans le film n'a véritablement le trac. Tous les personnages obéissent en effet à la direction d'acteur de Louis Malle qui décide de rendre hommage à la puissance comique de la commedia dell'arte en en reprenant le jeu excessivement théâtral et délibérément excessif.

Un jeu à l'italienne

Dans *Zazie dans le métro*, à l'exception de Zazie, aucun acteur n'est naturel ni spontané. Dans ce monde du jeu et de la fantaisie, comme dans la tradition de la commedia dell'arte, le jeu des acteurs est toujours excessif. À l'image de Turandot qui se met en colère de manière inattendue contre les grossièretés de Zazie et en vient à casser dans un élan invraisemblable la table en marbre de Gabriel.

Tous les acteurs adoptent un jeu de mimiques outrées et de cabotinages[1]. Le personnage le plus représentatif est la veuve Mouaque. Lorsqu'elle s'entretient avec Zazie de l'amour en répétant plusieurs fois et en faisant rouler le « r » du mot « amour », de gros plans sur son visage aux lèvres ourlées et grimaçant accentuent le caractère dithyrambique[2] de sa déclaration : « Ah l'amour si tu savais, l'amour ! »

Malle accentue également le ton de ses acteurs, la commedia dell'arte lui permettant d'insuffler à son film l'esprit parodique qui habite le roman de Queneau. C'est pourquoi Gabriel déclame de manière grandiloquente, avec des gestes emphatiques[3], son long monologue sur le sens de la vie au sommet de la Tour Eiffel.

Cette insistance sur le jeu des acteurs est un moyen dramaturgique pour Louis Malle de mettre en évidence, par effet de contraste, la grande spontanéité et la fraîcheur de ton de Zazie. Face à ces adultes au jeu excessif, perdus dans leurs grimaces et leur comédie, Zazie apparaît ainsi d'un naturel absolu, ce qui lui donne sa force et le pouvoir d'imposer une parole vive qui détonne au milieu des formules convenues dont elle peut encore plus s'amuser. Zazie ne joue pas, elle est brute tout simplement ainsi que le traduit son franc-parler. Dans la scène du dîner où Gabriel prend un ton affecté en posant des questions à sa nièce, elle lui répond sans détour à l'aide de formules qui tranchent dont elle a le secret : « Il aurait pas fallu voir ! »

1. *Cabotinage* : façon de jouer de manière excessive.
2. *Dithyrambique* : qui fait un éloge enthousiaste.
3. *Emphatique* : qui est exprimé avec une solennité plus ou moins ridicule, pompeux.

Un art du déguisement

À cette direction d'acteur vient s'ajouter un travail de Malle sur le maquillage et sur les vêtements de ses personnages. Seule Zazie est associée à une couleur vive, elle est vêtue d'un pull orange qui ne la quitte pas durant tout le film, tel un personnage de dessin animé. Si les autres personnages sont habillés, par contraste, dans des couleurs ternes qui symbolisent leur ennui, la mise en scène de Malle choisit d'accentuer leur caractère comique et théâtral en les grimant de manière excessive.

Ainsi de Gridoux le cordonnier, interprété par Jacques Dufilho, est fortement maquillé et doté d'une perruque et de moustaches blanches et grisonnantes dont le caractère artificiel est bien visible. Avec sa voix chevrotante, il mime de manière caricaturale la sagesse et la vieillesse de l'homme qui a tout vu et tout vécu. Il est déguisé comme un faux vieillard sans que personne ne s'en étonne.

Mais le personnage qui ne cesse de porter des déguisements et d'en changer est Pédro-surplus alias Trouscaillon ou Aroun Arachide. Ces différents noms correspondent à ses nombreux changements de rôle. Le personnage s'affirme au sein de cette comédie comme un véritable comédien. Et il le revendique, notamment dans la scène où il tente de séduire Albertine alors qu'ils se trouvent tous deux dans la loge de Gabriel, ou lorsqu'il revient sous les traits du dictateur Mussolini, ou encore lorsqu'il se métamorphose en poinçonneur de tickets dans le métro.

Ce personnage aux identités multiples est un digne héritier de la commedia dell'arte et plus précisément d'Arlequin, l'amoureux qui change souvent d'apparence. Pédro-surplus alias Trouscaillon en est la version moderne et grotesque. Comme le personnage italien dont il reprend l'accent, il porte le même déguisement : la cape à carreaux que Trouscaillon exhibe lorsqu'il confesse son amour à Albertine ressemble au costume à losanges d'Arlequin.

À travers cette référence à la commedia dell'arte, Malle souligne la folie joyeuse de cette troupe de personnages qui semblent sortis d'un cirque.

LE CIRQUE DES ADULTES

« Qu'est-ce que c'est que ce cirque[1] ? », demande Zazie subitement réveillée par le coup de sang de Turandot le soir de son arrivée chez Gabriel. Dans sa grande clairvoyance[2], la fillette a vu juste : la mise en scène de Malle va choisir d'accentuer le caractère fantasque des personnages pour que la commedia dell'arte retrouve son caractère premier qui la caractérisait à la Renaissance : le spectacle de foire à la manière du cirque.

▌Les jeux du cirque

Dans *Zazie dans le métro*, le caractère comique et burlesque est également assuré par une utilisation singulière et neuve des personnages toujours présents au second plan. La présence de ces personnages caricaturaux obéit au souhait de Louis Malle de faire appel aux jeux du cirque pour souligner le caractère fantaisiste, spectaculaire et profondément ludique du monde que découvre Zazie. Car rien n'étonne la fillette qui s'émerveille de tout ce qu'elle voit comme un enfant devant un spectacle de cirque.

Ainsi outre la présence, tel un clin d'œil, de l'une des représentantes les plus fameuses de l'époque – Annie Fratellini (1932-1997) – du cirque Fratellini qui joue Mado Ptits-Pieds, le spectateur s'aperçoit que le parcours de Zazie est, à plusieurs reprises, marqué par la présence insistante d'un homme déguisé en ours polaire. Comme au cirque, l'ours fait des démonstrations de son bon dressage. Mais dans un jeu ironique et un esprit ludique, l'ours polaire est aussi jongleur et cracheur de feu ; il fait lui aussi son numéro dans le cabaret de Gabriel où il finit par provoquer un incendie. L'autre grande scène de cirque a lieu durant les embouteillages quand une femme grimée comme Marilyn Monroe entre dans

---

1. Il s'agit de l'un des rares changements de répliques dans l'adaptation de Malle et Rappeneau. Alors que chez Queneau, Zazie dit que « C'est une vraie ménagerie ici » (*Zazie dans le métro*, p. 36), le remplacement du mot « ménagerie » par le mot « cirque » indique une direction significative de la mise en scène.
2. *Clairvoyance* : qui est lucide, a du flair.

une colonne Morris et quand, quelques secondes plus tard à la surprise générale, le chanteur Sacha Distel en sort sur un air de samba. Si règne sur cette scène un air de carnaval, elle reprend surtout un numéro classique de magie de la malle des Indes présents dans tous les spectacles de cirque.

Tout concourt à montrer que l'esprit du jeu et l'espièglerie de Zazie contaminent avec bonheur la mise en scène.

Une troupe de clowns

L'esprit du cirque est si présent qu'il en vient à caractériser le jeu des figurants du film. En effet, comme dans les numéros du cirque où les mêmes acrobates font plusieurs numéros, l'ensemble des figurants de *Zazie dans le métro* sont toujours les mêmes. Ils reviennent d'une scène à l'autre en interprétant des rôles toujours différents.

Le générique de fin le souligne explicitement en les désignant du terme de « permanentes » pour les actrices et de « permanents » pour les acteurs. De fait, ce sont les mêmes visages qui reviennent de séquence en séquence. Les gens qui attendent le train avec Gabriel dans la séquence d'ouverture sont les mêmes qui se retrouvent à se quereller et à prendre la défense de Zazie face à Turandot. Ainsi la femme brune qui répond « J'comprends pas » aux propos qui lui sont chuchotés lors de cette scène se retrouve à manger comme si de rien n'était à la terrasse de Turandot lorsque Pédro-surplus est jeté violemment par la fenêtre.

Le personnage le plus remarquable parmi ces permanents et que l'on retrouve tout au long du film est cet homme de petite taille vêtu d'un imperméable et d'un chapeau qui, à la manière d'un clown de rue, dérobe un réveil dans la poche de Gabriel dès la première scène. On le retrouve un peu plus loin lors de l'altercation entre Turandot et Zazie. Il est encore présent dans les embouteillages puis furtivement dans d'autres séquences notamment dans celle qui met en scène la veuve Mouaque et Zazie parlant d'amour, à la nuit tombée sur le boulevard Bonne Nouvelle.

À chaque plan se joue une fantaisie digne du cirque qui renvoie à l'amour de Malle pour le septième art.

UNE DÉCLARATION D'AMOUR
AU SEPTIÈME ART

Si Malle se plaît à jeter ses personnages dans l'émerveillement permanent des jeux du cirque, c'est pour renouer, en cinéphile avisé, avec les origines du cinéma qui, au début du xxe siècle, était un spectacle proposé comme animation dans les foires.

Ce retour aux sources est l'occasion pour Malle de clamer sa passion pour le cinéma sous toutes ses formes et de renforcer le caractère délibérément artificiel et artistique de son film dans un seul but : montrer que le monde est un vaste plateau de cinéma.

▌Un éloge de l'artifice

Pour Louis Malle, le cinéma doit s'assumer en tant que tel, jouer de ses artifices et souligner le plaisir du réalisateur à faire jouer ses acteurs. C'est la joie d'un enfant qui doit se donner à voir, le plus grand enfant étant, selon Malle, le metteur en scène. C'est pourquoi il est important pour le cinéaste de montrer que le décor, dans *Zazie dans le métro,* n'est précisément qu'un décor de cinéma. À aucun moment le réalisateur ne s'en cache.

Les changements de mobilier dans le bar de Turandot symbolisent certes un monde en mutation qui tourne le dos au passé mais ils révèlent surtout l'envers du décor : le spectateur voit comment se monte un décor de cinéma. Tout ce que font les ouvriers en installant le nouveau comptoir, en changeant et en repeignant les murs montre le travail des techniciens sur un plateau de cinéma. Aucun détail n'est épargné.

C'est ce même objectif qui pousse Malle à montrer comment, à l'inverse, on détruit un décor de cinéma une fois le tournage achevé. La scène de la bagarre finale avec les personnages qui soupent dans le bar, à Pigalle, le démontre avec force. Lors de l'affrontement avec les serveurs, la pagaille est tellement généralisée que chacun s'effondre sur les cloisons du bar qui, une fois détruites, laissent à nu l'ancien bar. Dans cette bagarre digne d'un saloon de western, Malle prend un malin plaisir tout enfantin à détruire son jouet et à montrer que le décor de son film est un décor de carton-pâte.

Le cinéma dans le cinéma

Pour Louis Malle, les emprunts à la commedia dell'arte et aux jeux du cirque sont enfin l'occasion de souligner que le monde n'est qu'un cinéma permanent. C'est pourquoi, dans un ultime tour ludique, il va réaliser certains plans selon les principes de la « mise en abyme » : le spectateur va voir une caméra de cinéma tourner, comme par effet de miroir, une scène que la caméra de Malle tourne déjà.

Ce procédé du « cinéma dans le cinéma » est utilisé dans la dernière scène de bagarre. L'artifice est non seulement marqué par le décor mais aussi par la mise à nu de l'équipe de cinéma par la caméra montée sur grue et perdue parmi la mêlée des serveurs et des amis de Gabriel. Mais une autre scène la montre également à l'œuvre, celle du repas de Zazie avec Pédro-surplus autour du plat de moules. En arrière-plan derrière la foule de badauds qui s'attroupe pour écouter le récit captivant de Zazie relatant le meurtre de son père par sa mère, on distingue nettement une caméra de cinéma qui s'approche et qui ensuite se retrouve durant le monologue de la petite fille au second plan pour en capturer l'image.

Chez Malle, le cinéma est le lieu de célébration de sa magie. Son cinéma a ouvert la voie à la Nouvelle Vague de Godard et Truffaut qui ne cesseront d'interroger le cinéma dans leurs films et qui tiennent Louis Malle pour un précurseur avisé.

Bibliographie guidée

ÉDITION DE RÉFÉRENCE

- QUENEAU RAYMOND, *Zazie dans le métro,* (1959) Paris, Gallimard, coll. « Folio ».

TEXTES CRITIQUES DE QUENEAU SUR SON ŒUVRE

- QUENEAU RAYMOND, *Bâtons, Chiffres et Lettres,* (1965) Paris, Éditions Gallimard, coll. « Folio », 1991.

On lira avec profit cette somme d'articles de Raymond Queneau où il explique avec simplicité et drôlerie ses techniques d'écriture. Il y livre sa conception du roman poétique qu'il l'applique à Zazie dans le métro.

ÉTUDES CRITIQUES SUR RAYMOND QUENEAU

- BARTHES ROLAND, « Zazie et la littérature » in *Essais Critiques,* Paris, Éditions du Seuil, coll. « Points », 1964, pp. 125-131.

Article clé écrit par Roland Barthes à la sortie du roman de Queneau. Ce document témoigne de l'enthousiasme suscité par le roman dès sa sortie et propose une analyse complète des ressorts langagiers de Queneau.

- CAHIER DE L'HERNE, *Raymond Queneau,* Paris, Éditions de L'Herne, 1999

Ouvrage collectif qui évoque tous les aspects de l'œuvre de Queneau sous différents angles d'analyse, de l'histoire aux perspectives poétiques et narratives.

- SOUCHIER EMMANUEL, *Raymond Queneau,* Paris, Éditions du Seuil, coll. « Les Contemporains », 1991

Ouvrage riche d'enseignement qui évoque la vie et l'œuvre de Raymond Queneau ainsi que sa conception de l'art du roman, dans une perspective générale puis appliquée à Zazie dans le métro.

PAPIER À BASE DE
FIBRES CERTIFIÉES

Hatier s'engage pour
l'environnement en réduisant
l'empreinte carbone de ses livres.
Celle de cet exemplaire est de :
100 g éq. CO_2
Rendez-vous sur
www.hatier-durable.fr

Maquette : Tout pour plaire
Mise en page : Christelle Defretin

Achevé d'imprimer en France par CPI Bussière
à Saint-Amand-Montrond (Cher).
Dépôt légal : 94866-4/01 – août 2012. N° d'imp. : 122858/1.